新文科建设
理念、模式与行动
浙江农林大学农林经济管理专业探索与实践

沈月琴 罗士美 吴伟光 尹国俊 　◎著
蔡细平 李兰英 胡云云 刘　强

北京大学出版社
PEKING UNIVERSITY PRESS

图书在版编目(CIP)数据

新文科建设理念、模式与行动：浙江农林大学农林经济管理专业探索与实践 / 沈月琴等著. -- 北京：北京大学出版社，2025.1. -- ISBN 978-7-301-35810-8

Ⅰ. G642.4

中国国家版本馆 CIP 数据核字第 20259TQ108 号

书　　名	新文科建设理念、模式与行动——浙江农林大学农林经济管理专业探索与实践 XINWENKE JIANSHE LINIAN、MOSHI YU XINGDONG——ZHEJIANG NONGLINDAXUE NONGLIN JINGJI GUANLI ZHUANYE TANSUO YU SHIJIAN
著作责任者	沈月琴　等著
策划编辑	罗丽丽
责任编辑	罗丽丽
标准书号	ISBN 978-7-301-35810-8
出版发行	北京大学出版社
地　　址	北京市海淀区成府路 205 号　100871
网　　址	http://www.pup.cn　　新浪微博：@北京大学出版社
电子邮箱	编辑部 pup6@pup.cn　　总编室 zpup@pup.cn
电　　话	邮购部 010-62752015　　发行部 010-62750672　　编辑部 010-62750667
印 刷 者	北京虎彩文化传播有限公司
经 销 者	新华书店
	720 毫米 × 1020 毫米　16 开本　12.5 印张　225 千字 2025 年 1 月第 1 版　2025 年 1 月第 1 次印刷
定　　价	88.00 元

未经许可，不得以任何方式复制或抄袭本书之部分或全部内容。
版权所有，侵权必究
举报电话：010-62752024　电子邮箱：fd@pup.cn
图书如有印装质量问题，请与出版部联系，电话：010-62756370

前 言
Preface

　　面对国际局势、国内形势、产业趋势与学科态势，学科建设和人才培养要顺势而为，做出战略性调整与根本性变革。2018年，教育部决定实施"六卓越一拔尖"计划2.0，首次以官方形式提出新文科建设的计划；2020年，教育部在山东大学召开新文科建设工作会议，对外发布《新文科建设宣言》，新文科建设正式启动；2021年，教育部启动首批新文科研究与改革实践项目。本书正是在此背景下，依托教育部首批新文科研究与改革实践项目"农林经济管理推进新文科建设研究与实践"（编号：2021140070）和浙江省高等教育"十四五"教学改革项目"新文科背景下农林经管类智慧实践教学理论研究与实践探索"（编号：jg20220337），探析新文科建设的理念、模式与行动，总结近年来浙江农林大学农林经济管理"三链融合"新文科建设经验，以期为国内同仁提供有益的借鉴与参考。

　　当前，新一轮科技革命与产业变革加速演进，我国进入全面建设社会主义现代化强国新时代，乡村振兴与生态文明战略全面推进，新经济、新产业、新业态、新商业模式不断涌现，传统产业体系、学科体系、知识体系面临巨大挑战，学术大转型、人才大转变、教育大变革势在必行。农林经济管理专业承载着为农业农村现代化培养新型人才的重任，在"四新（新工科、新农科、新医科、新文科的简称，下同）"建设与"三农"人才需求巨变的背景下，探索、推进新文科建设具有现实必要性。鉴于此，本书主要围绕农林经济管理专业推进新文科建设这个核心议题，运用文献研究、调查研究与行动研究等方法,探究了农林经济管理新文科为何建、怎么建、建什么、建得怎样、如何改进等五大问题,形成了农林经济管理新文科"思想→行动→成效→反思"完整闭环的建设体系,全面展示了浙江农林大学农林经济管理"三链融合"新文科建设的过程,为推进农林经济管理新文科建设提供了案例示范。

本书共分为六章。第一章为新文科建设背景,从产业与信息技术革命、学术大转型、农业农村变革等三个方面进行阐释;第二章为新文科建设理念与思路,提出了全人教育、建构主义教育两大理念,强调学科交叉、注重课程复合、倡导通才培养、深化产教融合与重视课程思政等五个方面的新文科建设思路内容;第三章为农林经济管理"三链融合"新文科建设模式,介绍了全人教育理念视角下的"三链融合"新文科建设思路,以及农林经济管理专业价值链、知识链、实践链的内涵及逻辑;第四章为农林经济管理新文科建设行动,包含了顶层设计、价值塑造、知识重构、实践提升等四大行动,介绍了浙江农林大学农林经济管理专业通过开办求真实验班、基层农技定向班、微专业,创建现代粮食产业学院、百村工程、"走在乡间的小路上"实践育人品牌,以及推进学科竞赛进课堂、构建课程思政与课程育人大纲等举措实施新文科建设的情况;第五章为农林经济管理新文科建设保障,包含建立"学科—专业—支部"三位一体组织体系、组建多跨协同师资队伍、搭建学科专业交叉融合平台、持续改进质量文化、激励约束政策机制等五个方面,介绍了浙江农林大学农林经济管理"学科—专业—支部"一体化、"学院—研究院—智库"科教融汇等特色做法;第六章为新文科建设展望,包含农林经济管理新文科发展的态势、新文科建设的挑战与问题、新文科建设的思路与举措等三个方面。

本书由沈月琴教授负责研究框架总体设计并开展新文科建设背景研究,罗士美老师负责农林经济管理新文科实践探索及书稿统编与校审,吴伟光教授负责教学实践经验提炼及新文科建设理念研究,尹国俊教授负责新文科建设思路和农林经济管理"三链融合"新文科建设模式研究,蔡细平副教授负责农林经济管理新文科建设保障研究,刘强副教授负责农林经济管理专业人才培养方案优化研究,李兰英教授负责农林经济管理专业课程思政建设研究，胡云云老师负责农林经济管理专业实践育人研究。具体分工是，沈月琴、尹国俊撰写第一章，吴伟光、尹国俊撰写第二章，尹国俊撰写第三章，罗士美、李兰英、刘强、胡云云撰写第四章，蔡细平撰写第五章，吴伟光、胡云云撰写第六章。撰写过程中，作者参考了大量专著、论文、公开报道等文献资料，无法一一列出作者姓名，在此一并向有关作者致以诚挚的谢意。本书的出版得到了北京大学出版社的大力支持，相关编辑付出了辛勤劳动，在此深表谢意。

虽然新文科建设研究热度不减，但是还有许多方面有待深入研究，特别是基于某一具体学科或专业的新文科建设实践研究甚少。我们深知自己对新文科建设的认识、理解尚浅，加之可供参考、借鉴的资料文献也相对有限，本书的研究探索历时不长，有些做法还有待时间检验，书中难免会存在错误、缺陷，还望读者和专家不吝赐教，斧正谬误。

编者

2024 年 3 月

目 录
Contents

第一章 新文科建设背景 /1

第一节 产业与信息技术革命 /3
一、产业与信息技术革命发展趋势 /3
二、产业与信息技术革命中的文科力量 /8
三、产业与信息技术革命催生新文科 /10

第二节 学术大转型 /12
一、学术大转型的国际趋势 /12
二、学术大转型的国内需求 /14
三、学术大转型下的中国新文科 /17

第三节 农业农村变革 /21
一、乡村振兴战略的新需求 /22
二、生态文明建设的新挑战 /23
三、农林经管人才需求的新变化 /24

第二章 新文科建设理念与思路 /29

第一节 全人教育理念 /31
一、全人教育理念的源与流 /31
二、全人教育理念的核心要义 /34

第二节 建构主义教育理念 /38
一、建构主义教育理念的内涵 /38

　　　　二、建构主义教育理念的应用 /41
　第三节　新文科建设思路 /46
　　　　一、强调学科交叉 /47
　　　　二、注重课程复合 /48
　　　　三、倡导通才培养 /50
　　　　四、深化产教融合 /52
　　　　五、重视课程思政 /54

第三章　农林经济管理"三链融合"新文科建设模式 /57

　第一节　全人教育理念视角下的"三链融合"新文科建设思路 /59
　　　　一、"三链融合"农林经济管理新文科建设 /60
　第二节　农林经济管理专业的价值链 /63
　　　　一、渊博雅正的塑造 /63
　　　　二、知农爱农的涵养 /65
　　　　三、"三农"情怀的锤炼 /65
　　　　四、大国"三农"的自信 /66
　第三节　农林经济管理专业的知识链 /68
　　　　一、通识知识 /68
　　　　二、学科知识 /70
　　　　三、专业知识 /71
　　　　四、前沿知识 /72
　第四节　农林经济管理专业的实践链 /74
　　　　一、多视角认知实践 /74
　　　　二、高阶性专业实践 /75
　　　　三、多维度跨学科实践 /76
　　　　四、项目式创新实践 /77

第四章　农林经济管理新文科建设行动 /79

　第一节　新文科建设顶层设计 /81
　　　　一、目标与定位 /81

二、改革举措 /84
　　　三、存在的问题 /88
　第二节　价值塑造行动 /90
　　　一、课程思政建设 /90
　　　二、生态育人 /96
　　　三、"走在乡间的小路上"实践育人品牌建设 /102
　　　四、价值塑造行动建设成效 /106
　第三节　知识重构行动 /109
　　　一、背景与意义 /109
　　　二、主要做法 /111
　　　三、存在的不足 /119
　第四节　实践提升行动 /121
　　　一、以全产业链能力提升为导向，创建现代粮食产业学院 /121
　　　二、以乡村工作能力提升为导向，创建"百村工程"
　　　　　实践教学基地群 /124
　　　三、以跨界创新能力提升为导向，实施"学科竞赛进课堂"工程 /126

第五章　农林经济管理新文科建设保障 /131

　第一节　建立"学科—专业—支部"三位一体组织体系 /133
　　　一、浙江农林大学的学科制 /133
　　　二、"学科—专业—支部"三位一体组织体系 /134
　　　三、农林经济管理"三位一体"组织体系取得成效 /137
　第二节　组建多跨协同师资队伍 /138
　　　一、强化学科交叉融合，组建跨学科师资队伍 /139
　　　二、注重教学与科研融汇，打造多层次师资结构 /141
　　　三、加强国际交流，推进师资国际化合作 /142
　　　四、注重教学与实践结合：打造双师型师资队伍 /143
　第三节　搭建学科专业交叉融合平台 /145
　　　一、建立科研创新平台，推进科研与教学深度融汇 /145
　　　二、建立经管实验中心，推进理论教学与实践教学紧密结合 /147

第四节　持续改进质量文化 /150
　　　　一、建立共识 /150
　　　　二、强调评估和反馈 /152
　　　　三、激励创新 /154
　　　　四、质量文化价值观 /156
　　第五节　激励约束政策机制 /158
　　　　一、激励约束政策的理念与目标 /159
　　　　二、激励约束政策的实施与运作 /161

第六章　新文科建设展望 /165

　　第一节　农林经济管理新文科发展的态势 /167
　　　　一、国内发展态势 /167
　　　　二、国外发展态势 /171
　　第二节　新文科建设的挑战与问题 /173
　　　　一、工具理性与价值理性博弈 /173
　　　　二、人才培养与社会需求脱节 /173
　　　　三、师资队伍与能力建设不足 /174
　　　　四、教学评价体系尚不明确 /174
　　　　五、统筹管理能力有待加强 /175
　　第三节　新文科建设的思路与举措 /175
　　　　一、新文科建设思路 /175
　　　　二、新文科建设举措 /179

参考文献 /183

后记 /188

第一章
新文科建设背景

第一节　产业与信息技术革命

一、产业与信息技术革命发展趋势

进入21世纪后，世界面临着一系列的挑战和机遇。随着能源和资源紧张、全球环境逐渐恶化、气候变化加速，各种高新技术广泛交叉融合，一场崭新的产业技术革命正悄然兴起。这次变革不同于过去，它汇集了多种前沿技术，主要以人工智能、无人控制技术、量子信息、虚拟现实和生物技术等为驱动力，在全球范围内迅速发展，并掀起了前所未有的新一轮科技革命浪潮。

2016年，在克劳斯·施瓦布主持的世界经济论坛（达沃斯论坛）上，第四次工业革命被首次提及。学者乌尔里希·森德勒在其著作《工业4.0：即将来袭的第四次工业革命》中，也将这次产业技术革命称为第四次工业革命，原因在于其认为技术创新是每次工业革命的核心，并强调技术创新所带来的革命性变化不仅仅局限于工业，而是延伸到农业、服务业等多个领域。国内亦有学者对这次变革进行了"一主多翼"的解读，其中"一主"是指新一代信息技术的深入融合和广泛应用，而"多翼"意味着这些技术与新能源、新材料和生物技术等领域的协同进步，展现出全面的创新与发展势头。

从多个维度出发，我们可以为当前的时代赋予不同的标签，如"第四次工业革命""新工业革命""信息技术革命"等。然而，这些标签的共同点在于它们的核心都是新一代信息技术创新及其对人类生产与生活的深刻影响。基于此，我们可以得出结论：当今的世界正处于一个由信息技术主导创新，并以此为基石塑造国家核心竞争力的新阶段，正迎来新一轮信息革命浪潮。

（一）信息技术革命发展趋势

在人类历史进程中，有五次广义上的信息技术革命：语言的形成，文字的出现，造纸术和印刷术的发明，电报、电话、广播和电视的发明和普及应用，以及计算机技术与现代通信技术的应用和发展。第五次的信息技术革命不仅是技术的进步，还更深层次地改变了信息的生产、交流、传播与使用方式，从而重新塑造了社会的生产力和生产关系。它的影响是多维度的，且具有长期性。工业革命曾经通过机械化大幅度提高了人类的体力效益，现在这场信息技术革命则史无前例地提高了人类思维能力和信息处理速度，预示着生产力的又一次重大飞跃。对于当前的信息技术革命，其发展趋势如下。

第一，该轮信息技术革命已进入后半程，即协同融合创新阶段。从1990年开始，信息与通信技术的革命引发了一个全新的信息化生产阶段。基于大约50年一个的技术革命周期，该革命预计将在2040年前后进入尾声。由此可推断，我们目前已经进入了该周期的后半程。随着周期后半程的到来，信息技术变得日益成熟，市场对信息化的需求逐渐增大，信息技术产业的投入产出比已经下滑，导致金融资本开始转向其他产业领域以追求更高的回报。在当前经济格局中，多数产业已经达到了其生产和扩张的极限，同时还面临着金融信贷的收缩和总体购买力的下降。在这种环境下，为了保持竞争力和提高效率，各产业都在努力采纳并整合信息技术。这种金融资本和其他产业资本投资方向的趋同，可以被定义为"协同融合创新"，标志着信息与通信技术革命进入了新的阶段。协同融合创新不仅是经济结构调整和优化的反映，同时也预示着经济正逐渐迈向新的平衡状态。

第二，后发国家可以借助该轮信息技术革命的契机，实现对发达国家的成功追赶甚至超越。随着信息技术革命进入后半程，传统的信息技术与产业已经走向了成熟，其发展潜力接近极限。与此同时，进入ICT（Information and Communications Technology，信息与通信技术）产业的门槛显著下降，导致后发国家与发达国家在多个领域（如芯片、手机、计算机等）的技术差距缩小。同时，协同融合创新领域现已成为技术进步的新前沿，与传统技术累积相比，它更依赖于信息与通信技术的快速扩散与接纳。因此，有条件的后发国家可以借此机遇，主动顺应和引领新一轮信息革命浪潮，实现对发达国家的成功追赶甚至超越。由于门槛的降低，全球竞争也变得更为激烈。由于在产业链中所处的不同地位和地区特点，各国在协同融合创新中展现出了不同的策略和优势。例如，德国凭借其制造业优势推进工业4.0计划，而中国可能选择利用信息技术的扩散来推动产业数字化和智能化。然而，单纯的技术路径差异并不预示最终的竞争结果。起决定性作用的是各国或地区如何运用自身的比较优势，有效地融入全球或区域的分工合作。对于任何国家或地区而言，积极地寻求并抓住机遇，将影响其在全球经济格局中的崛起或衰落。

第三，新信息技术革命对人类生产方式的影响体现在生产方式、产业形态和产业组织等变革方面。对生产方式来说，互联网作为创新中心和主要的技术赋能者，正在快速渗透各个产业，特别是制造业的产业链、供应链和价值链，标志着"新制造"的兴起。其中涉及自动化与机器学习、数据驱动决策、网络化协同、个性化生产等，皆在使生产方式以更智能的方式提高生产效率、减少资源浪费和提升产品质量。对产业形态来说，全产业的数字化正成为趋势。预计在不久的将来，绝大多数产业都将数字化或与数字技术深度整合，数据将成为战略性资产。对产业组织来说，平台企业正在成为一种新的组织形态。与传统企业不同，这些平台企业更强调外部的连接性及其网络效应，开创了无边界的市场空间，优化了社会资源的利用。

第四，新信息技术所带来的人类社会的根本性变革在于三点，即世界变"小"、大数据更精准、世界更智能。随着互联网的普及，设备、个体间的连接日益增强，形成了一个超越物理距离的网络空间。这不仅压缩了信息传递的时空，降低了交易成本，还让信息流动更为多元、平等，改变了传统的等级体系和管理架构，使社会结构更为紧密和扁平化。进入大数据时代，每个人和组织都可以被视为一个数据实体。通过对这些数据的多维度分析,能够精确描述其行为和特性,进而提供更加有针对性的管理或服务。例如,金融市场大数据可以被用来预测市场动态、识别交易机会及风险控制。在此基础上,人工智能的出现为各领域也带来深度的智能化,使世界变得更加智能。例如,在医疗领域,AI(Artificial Intelligence,人工智能)可以协助医生进行疾病诊断和个性化治疗建议;在教育领域,AI可以为学生提供定制化的学习体验等。

(二)产业技术革命发展趋势

在产业变革的宏观视角下,结合相关研究发现,第四次产业技术革命相较于前三次,呈现出以下发展趋势。

第一,这次的产业技术革命涵盖了众多技术领域,展现出多方面的技术创新,技术之间的交叉与融合进一步催生了新的技术。以往的三次产业技术革命更多地聚焦在某一特定技术创新上。第一次产业技术革命以蒸汽机的诞生为里程碑,主要由英国推动,机械动力开始取代传统的人力和畜力,引领了大型工厂生产的时代。第二次产业技术革命则主要围绕内燃机和电力技术,由美国和德国共同推进,生产与生活得以电气化,汽车、石化等行业应运而生,同时也催生了铁路和造船业的创新进步。第三次产业技术革命则是以信息技术为核心,再次由美国牵头,为生产与生活带来自动化、信息化和现代化的管理方式。而今,第四次产业技术革命则代表了超越物理、数字和生物领域之间界限的技术融合,它不仅仅是第三次工业革命的延续,更显现出其独立性与独特性。在覆盖范围、发展速度和系统的整合性上,第四次产业技术革命都表现出了空前的创新,以信息技术、生物技术、新能源技术等为主导技术,以人工智能、量子通信、生物科技、核聚变能源等为代表产物,共同推动生产和生活全面走向智能化,引领人类社会走向智能时代。

第二,这次的产业技术革命所带来的后果更难以预测。由于技术的全面渗透和交叉融合,其将对社会结构、人类价值等产生深远影响,相较于前三次工业革命,这次技术进步所带来的挑战和警示似乎更为强烈。例如,自动化和 AI 技术可能会取代大量传统职业,尽管它们也孕育出了一系列新的工作机会，但是如何在这种情境下维护劳动市场的稳定，确保失业者得到恰当的再教育和培训的机会，便成为了一大难题。再如，基因编辑技术可能被用于"定制"婴儿，这将引起人们对生命本质、人的道德及伦理的广泛关注和讨论。

第三，本次的技术创新已具备一定的自主性与智能化水平。信息技术、人工智能、大数据、机器学习等飞速发展，使得技术具有了前所未有的自主性和自适应能力，其更新与运行可以在一定程度上脱离人类而在其内部自行完成。例如，深度学习赋予了机器独立自主的学习与优化能力，减少了对传统编程的依赖。这种能力使得机器不仅能够执行基础任务，还能自主处理高复杂度的问题，如自然语言处理和图像识别，并进行相应的决策和预测。然而，随着技术自主性的提高，如何确保其决策符合道德和伦理准则已逐渐受到重视。例如，自动驾驶汽车面临紧急状况时的响应选择，以及机器学习算法的潜在偏见都成为了热门的讨论话题。

第四，产业的绿色化转型是全球持续发展的关键。在历史的进程中，多数国家的迅速发展常常是建立在低要素成本、高资源消耗，以及高环境成本之上的，这种发展范式并不具备可持续性。因此，转变增长战略和发展模式已成为摆在全人类面前的一项紧迫任务。在此背景下，面临气候变化、环境污染和能源安全等一系列挑战时，各国纷纷加速发展理念的革新，并将绿色发展确立为产业转型升级的核心导向。例如，在能源技术、材料技术和生物技术等领域，技术的创新发展、交叉融合和广泛应用已逐渐成为趋势。

第五，全球化与逆全球化并行。一方面，人工智能、物联网和大数据等关键技术成为推动全球信息、技术与资本流通的重要动力，强化了全球供应链的协同效应，并为各国提供了更广阔的市场空间。另一方面，由自动化和数字化带来的就业格局的变化、数据安全和隐私保护的问题，以及关键技术掌控权的竞争等因素，也在一定程度上催生了逆全球化的势头。因此，如何在推进全球化与应对逆全球化的策略之间找到平衡，以及如何在利用技术带来益处的同时管理和减轻其产生的社会经济风险，成为各国和全球社会面临的一大挑战。

二、产业与信息技术革命中的文科力量

在历史的长河中,高等教育最初主要集中于人文科学和社会科学,统称为文科。其中,人文科学主要研究人的内在世界,包括观念、精神、情感以及价值观,社会科学则更侧重于对人类社会现象及其发展规律的研究。然而,随着科学技术的逐步兴起,特别是工业革命的兴起之后,工业、农业、医学等领域的知识体系逐渐建立并融入高等教育体系之中,成为高等教育的重要组成部分。这种知识体系的演变不仅重塑了高等教育的结构和框架,也进一步影响了其社会意义。并且,随着这些技术性学科的不断发展和完善,文科在某种程度上逐渐受到冷落和边缘化。但这并不意味着文科的价值有所下降或被忽略。事实上,无论是过去已经发生的,还是未来可能出现的产业革命,文科所涉及的思辨能力、人文关怀,以及对社会历史的深入理解,都是不可或缺的关键要素。其在产业与信息技术革命中发挥的作用如下。

(一)文科为产业与信息革命提供了广阔观察视角

一方面,科技的进步和发展离不开人类对未知的好奇,以及在思想观念和文化上的解放。从史前时期的简单工具使用,到文艺复兴时期的科学突破,再到现代高科技的飞速发展,都是人类渴望理解和改造世界的具体体现。在这一过程中,好奇心激发了对新事物的探索和实验,而思想观念的解放则打破了传统的束缚,为新思想和新技术的产生创造了条件,两者相辅相成。另一方面,文科可以培养和引导人们从一个更为广阔的宏观视角来审视科技的历史发展,以及科技与社会之间的关系。随着创新驱动的发展模式在全球范围内的广泛接受和应用,创新人才必须具备对时代趋势的敏锐觉察,以及对国家和社会发展需求的深刻理解。因此,强调人文学科的价值和重要性,可以更好地培育具备历史与社会视野的科技人才,帮助其更为深刻地理解专业学科的发展逻辑,同时也能帮助他们把握科技进步的内在规律与历史进程,从而更好地实现科技创新。

（二）文科为产业与信息技术革命提供了伦理指引

在当今快速变革的科技时代，许多先进技术为人类社会带来了前所未有的伦理问题，特别是在生物技术、人工智能和数据隐私保护这些领域，与技术突破并行的是一系列伦理上的考量。如果缺乏深入的伦理思考，盲目的科技进步则可能对人类自身产生损害。科技人才通过文科学习，尤其是对历史、哲学和社会学的学习，能够深入探索人类历史中的伦理决策，进而在应对当下的技术挑战时，持有更加坚定的人文和道德立场。此外，当代科技人才不仅需要掌握成熟的技术，还应具备对技术引发的社会后果的深刻认识和预见能力。文科则为其提供了一种全面的视角，帮助其更好地思考、权衡和判断技术背后的社会影响。以生命科学为例，诸如克隆、器官移植等技术，为人类提供了前所未有的医疗手段，但这些创新的背后，也浮现出如"被克隆的生物是否享有与自然生物等同的权益"等一系列问题。这些问题并不是仅靠科学或技术就可以解决的，还需要文科的哲学、历史和社会学等学科来共同探索，为技术发展指明基于人道和伦理的方向。

（三）文科有助于培养人才的创新思维

创新思维是创新能力的核心，其涉及的基本规律涵盖了形象思维、联想思维、逻辑思维三大要素。形象思维启动了想象与创意的初步构建，联想思维在此基础上加入了跨领域的知识链接，而逻辑思维则为我们提供了理性的检验与推理能力。因此，人文学科、社会科学和艺术等对于创新人才的培养具有特殊的重要性。其不仅有助于扩大学者的知识视野，还能够更深入地培养其形象思维、联想思维和逻辑思维，并进一步提升其综合创新能力。但是，纯粹的技术发现并不等同于创新，只有当这些技术能够转化为社会的实际应用，并满足社会与市场的实际需求时，它们才真正具有创新的价值。因此，当代的科技人才在追求技术创新的同时，更应该深入掌握社会、经济和文化的知识，才能确保科技成果真正转化为与社会和市场紧密相连的有价值的产出。

（四）文科有助于塑造人才的健全人格

在产业革命和科技进步的浪潮下，社会对于理科教育的重视明显增强，为适应这种发展，理科教育在很大程度上被视为需要优先发展的领域。然而，过分偏向理科教育而边缘化文科教育可能对未来人才的人格形成产生不利影响。这种倾向可能导致的问题包括但不限于思考方式的局限性、价值观的单维导向、缺乏深度的反思能力、较弱的共情能力、模糊的道德界定、较低的人际交往能力，以及对于生活中艺术和美的忽视。因此，理科教育与文科教育应当是互补的，而非对立的。在理科教育为我们打开探索自然和技术奥秘大门的同时，文科教育为我们构建了一个扎实的伦理框架和健全的世界观，使科技人才在创新的同时始终保持对人的尊重和对社会的责任。所以，理科教育与文科教育都应受到足够的重视和平衡的发展，更好地为学生提供全面的知识和技能，帮助他们更好地适应和服务社会。

三、产业与信息技术革命催生新文科

随着全球化和技术的日益发展，传统的教育模式正遭遇挑战。在此背景下，2017年，美国的西拉姆学院率先提出了"新文科"的概念，其强调的是专业重组，不同专业的学生打破专业课程界限进行综合性的跨学科学习。一年之后，我国教育部着眼未来，决定实施"六卓越一拔尖"计划2.0，标志着"新文科"在我国的萌芽。2019年4月，教育部正式启动这一计划，我国新文科建设随之正式起步。在这样一个关键的历史节点上，新文科建设的意义远超过简单的学科整合，它旨在为我国在新时代应对产业与信息技术革命的挑战、满足国家战略需求做好充分的准备。因此，要深化新文科的构建，必须对新一轮产业与信息技术革命对文科的影响与要求进行考量，确保教育变革与时代发展同步进行。

（一）产业与信息技术革命推动了新文科研究的深度与广度

新文科研究涉及个体与社会发展的各个维度，其研究内容和内涵也会受到产业革命发展的影响。首先，随着新产业与技术革命的发展，出现了新的特性、模式，还衍生出一系列全新的学术议题，它们为文科打开了全新的研究空间。其次，在当今技术革命的浪潮中，单一学科的研究途径已逐渐不足以应对日益复杂的问题。在此背景下，学科交叉与融合逐渐成为新文科建设的核心。再次，在个体层面，个体的思维模式、情感反应及价值观也随着产业革命的发展呈现出显著的变化。这要求新文科的建设不仅要培养"全人"，还要培养"未来人"，使学生在未来的社会中既能具备完整的人格，又能适应并引领时代发展的潮流。最后，新技术的涌现与广泛的应用，还促进了与文科紧密相关的新产业和领域的诞生与发展。因此，产业革命的推进不仅重塑了社会结构和价值观，还为新文科研究开拓了更具创新性、更为深远的研究路径与领域。

（二）产业与信息技术革命给新文科建设提供了新的技术手段

先进的技术进步为新文科建设提供了创新手段，尤其在学科研究和教学方式两个方面。在学科研究方面，如大数据技术的引入显著提高了研究的效率和准确性。在文学领域，人工智能为研究者提供了深入挖掘文本、精准探析作者写作风格及其主题变迁的可能性。教学方式也因技术的进步而日益丰富。以虚拟现实（Virtual Reality，VR）和增强现实（Augmented Reality，AR）为例，这些技术构建了一个三维的、沉浸式的学习体验模式，使得学生能够更加直观地接触和理解知识。因此，产业与信息技术革命对新文科建设的学科研究与教学方式产生了深远的影响，推动其朝着更加科学、高效和个性化的方向发展。

（三）产业与信息技术革命给新文科提供了全球化先进的研究视野

技术的迅速发展以及在全球范围内的快速扩散扩大了文科的研究范畴。传统的、局限于特定地域或文化背景的研究模式，正逐渐变得更加开放与国际化。这一转变不仅体现在技术的交流与应用中，还体现在不同文化、历史和社会学的交流与融合中。由于全球化进程中人口的迁移和流通，以及技术革命带来的知识和文化储存与传播的便利，各种文化的互动与碰撞变得尤为显著，为文科研究者带来了丰富的实证数据和研究课题。另外，全球化的信息网络如今为文科研究者提供了方便的渠道，获取和研究跨国界、跨文化的资料不再受制于地理距离，从而促进了文科研究者对某一主题进行更加全面、深入的探索。因此，全球化背景下的产业与信息技术革命，不仅极大地拓宽了文科的研究领域，还为文科研究者提供了全球化、先进的研究视野。

（四）产业与信息技术革命推动新文科对文化和价值观进行深入反思

产业革命的迅速发展引发了社会结构与价值观的深刻变革。以自动化和智能化技术为例，这些技术在得到广泛应用后，不仅改变了传统的生产和生活模式，也引发了对人的角色、身份和价值的重新定义与思考。同时，新的社会结构和经济模式也带来了一系列社会问题和伦理挑战，涉及从个人数据隐私、技术进步导致的失业，到人工智能决策的伦理界限等。这些问题都需要文科进行深入、严谨的探讨。此外，产业革命也催生了新的文化和价值观，如互联网的迅速发展，使人们越来越多地依赖于数字工具来表达自己、理解世界和与他人社交。而对文化和价值观的深入反思会使新文科研究更加具有前瞻性和现实意义，同时也为社会提供了价值指导和文化支撑。

第二节　学术大转型

一、学术大转型的国际趋势

按照时间顺序，国外的学术转型大致可以划分为四个阶段。这四个阶段从14世纪初的文艺复兴时期至21世纪的现代科学时期，分别概括了在不同时间跨度下，意识形态和发展道路等因素如何进行不断地博弈，进而推动学术发展的过程。

（一）文艺复兴时期——自由和理性

从 14 世纪初到 16 世纪初，随着商业贸易和政治体制的革新，封建制度逐渐瓦解，在意大利有许多城市国家如威尼斯、米兰等慢慢崛起。这些城市国家拥有自己的军事和政治权力等，因此，在一定程度上冲破了宗教和封建制度对人的精神束缚。贵族文化受到挑战，人们更加强调自由和理性，开始反对专制和独裁，不再以神为中心，而是追求现实与人文主义精神。例如，达·芬奇笔下的《蒙娜丽莎》摆脱了宗教题材的束缚，生动地描绘出了一个女性形象，凸显了对文艺复兴时期人性的歌颂；米开朗琪罗的《最后的审判》，用超人的勇气肯定了人的意义，也迸发出对宗教和封建统治阶级的不满；但丁的《神曲》，创造性地表现了对神性的反叛和对人性的歌颂。文艺复兴时期的艺术和文学都具有极其强烈的人文主义精神和艺术性，人文主义精神所追求的自由和理性极大地促进了欧洲文化的发展，并成为后期文学发展的推动力。

（二）科学革命时期——科学精神

从 16 世纪末到 17 世纪是欧洲近代科学的高峰期，这一时期在科学界具有划时代的意义。资本主义手工业的发展引起人们对力学和热学的思考，航海资本的扩张带动了天文学、地理学和数学的进步，为解决资本扩张对资源的需求问题而设立了很多新课题。与此同时，文艺复兴使人的思想得到了解放，世人开始用科学的眼光看待世界；宗教改革为科学的发展扫清障碍；外来技术传入欧洲后，改变了人们的认知，进而推动了科技革命的产生。例如，牛顿的万有引力与运动三大定律为物理学的研究奠定了基石；哥白尼的"日心说"为自然科学拉开了序幕；拉瓦锡掀起了化学领域的革命等。科学革命通过实验法、观察法和数据分析法等将人类的思想彻底地解放出来，使得该时期的文化和艺术有了多元化的发展。

（三）工业革命时期——科技力量

从 18 世纪末到 19 世纪初，英国政治环境稳定，圈地运动为工业革命的爆发提供了资本的原始积累。以牛顿的经典物理体系为基础，以蒸汽机的广泛应用为主要标志的大机器生产的轻工业部门开始出现，人类进入了一个新的时期——科技是第一生产力。各国学术的发展也渐渐地受到了工业革命的影响。例如，英国的高校增加与实用性有关的课程，注重制造业和工业的发展；法国则是按需培养专业的技术人才，一批与农业、医学以及机械相关的高等专科院校应运而生；中国近代思想开始萌发，开启了向世界学习的潮流，改革政治、教育制度；工业革命加剧了美国的阶级对立，对旧制度和旧思想造成巨大冲击。

（四）现代科学时期——跨学科兼容

从20世纪到现在是现代科学时期。这一时期，科学和技术相互发展促进，科学家们不断创新和探索，取得了大量的创新成果和重大发现。例如，我们对时空和宇宙的认知因为爱因斯坦的相对论而得到了升华，也使得人类文明上升到了一个新的层次；我们对物质结构及其相互作用之间的理解也因为普朗克的量子力学而发生了改变，量子力学为现代医学、物理学以及化学的发展都奠定了重要的理论基础；人工智能作为科技革命和产业革命的重要驱动力，因"人工智能+教育"的发展模式种类多样，也催生了教育的新生态，为教育变革的创新发展注入了新动能，着力于推动高质量跨学科的学术发展。

二、学术大转型的国内需求

纵观学术史的发展，无论是何种类型的学术转型，都会被当时的社会、政治以及经济发展的各方面所影响。同时，学术转型也会对新一代的社会政治和经济产生影响。随着中国传统社会向现代社会转型，中国的学术也在渐渐地发生着变化，从明末清初的经世实学到现在的中国学术本土化，新时代呼唤与中国特色社会主义同频共振的学术研究，推进国内教育事业高质量发展是当前学术转型的迫切需要。学术大转型的国内需求主要体现在学科融合、产教融合、质量管理以及发展新兴学科四个方面。

（一）学科融合

清朝以前，中国学术以人为单位分立宗派，人存则学举，人亡则学息。晚清时期，随着西方思想观念的涌入以及社会思潮的推动，中国渐渐出现了"学科"之别。近百年来，教条主义大规模移植欧美的学科，虽然在一定程度上弥补了我们后发国家的学科空缺，但同时也对我国新文科进一步发展构成了障碍和壁垒。比如，研究乡村振兴、农村社会发展历程等问题时，想要客观、正确地进行分析，不仅要求我们懂政治学、历史学，还要求我们懂经济学以及社会学等。然而，我们现在的分科教育，强化了学科壁垒，导致大部分学生只了解某单一学科，其他学科虽有涉猎，但很难运用其去深入地分析问题、解决问题。当时，教育改革分科设置是为了学生可以更好地学习专业知识，但是对专业知识的学习绝对不是为了巩固学科壁垒。学术转型的国内需求是学科融合，破除学科壁垒。唯有真正跨越学科界限、贴近社会、贴近生活，才能培养出创新型学生，提升学生的综合素质，使学生真正地做到学以致用。同时，有助于加快构建中国特色哲学社会科学体系，形成新文科范式，为世界提供中国学科方案。

（二）产教融合

近代以前，不管是"学在官府"抑或是"学在民间"，受教育的对象往往是统治阶级，非富即贵。教育真正的目的不是传播文明，而是巩固统治地位。真正从事生产的劳动者和手工业者却很难受到系统、全面的教育。在1949年到1976年期间，我国社会经济百废待兴，文化体制机制还属于探索阶段，尚不具备大规模产教融合的基础条件。改革开放后，我国经济发展从濒临崩溃到高速增长，教育体制机制也在不断地进行改革创新，使得国民整体受教育水平普遍得以提高，甚至出现了知识失业和隐蔽性失业的现象。针对这一现象，国内学术转型的迫切需求是产教融合。长期以来，我国无法深入有效地开展产教融合，究其原因是"资源、平台、机制"这三大关键要素的缺失，进而无法形成一个产教联合贯通、相互转化的生态系统。要知道从学习知识、创造知识到利用知识是一条完整的链。就像接力赛一样，任何一棒的失败，都会直接地影响到最终的效果。

要想推进产教融合，促进生产要素和教育要素合二为一，企业应提出要求，国家应搭建平台，学校应培养人才，努力推动教育和经济相结合，按需培养国家发展真正所需的人才。

（三）质量管理

中国古代学者对学术的追求是一种自觉形态，强调积极主动、勤奋好学以及创新思维等，能论天地，博古通今。因此，古代学者大多是真正的知识精英。但是，从1990年以来，受社会环境的影响，一些学者急功近利，为了快速产出科研成果不惜弄虚作假；与此同时，一些学术单位抱着"家丑不可外扬"的心态对学术不端者进行包庇，导致学术资源的浪费，学术不端问题，如学术造假、学术抄袭等多发、频发。此外，我国古代的学术研究注重经验性和实用性，而现在学校好像围墙一样，将学者和现实隔开。很多学者只是在高校里埋头做学术，至于其所研究的学术是否对我国的发展真的有用？是否符合现实？这些都尚未可知。这导致我国现在很多学术与现实脱轨，空谈理论而无用武之地。目前，我国学术转型的关键是加强对学术的质量管理。对学术不端行为要做到"零容忍"，加强学风建设，倒逼学者潜心治学，采取综合施策，完善学术和人才考核评定机制，提高中国哲学社会科学的原创性，构建起具有中国特色的学术体系，使我国在世界学术格局中牢固地树立起文化自信。

（四）发展新兴学科

从历史的角度来看，2024年正值五四运动105周年，新中国成立75周年，改革开放46周年。放眼未来，我们已经站在了"两个一百年"奋斗目标的历史交汇点上。面临着一个世纪以来最大的变革，国际局势瞬息万变，社会思想波谲云诡。因此，在国内学术改革的过程中，必须以中华优秀传统文化为基础，坚持古为今用、固本正源、善于继承，才能从延续民族文化的血脉中发展适合新时代中国特色社会主义的新兴学科。要创建一个与新时期相适应的新学科，首先，我们必须面对教育与教学的中国化问题，打造中国方案，如新教材的创编、新内容的拓展、新课程的开拓、新思维的培育，构建中国化新文科的新概念；其次，要建立完善的投入保障机制，优化教育支出体系，完善新兴学科拨款制度；再次，优化招生结构，改进人才培养方式，畅通硕博连读渠道，同时完善"文化素质＋职业技能"的职教高考制度，以高素质和高技术为重点去培养人才；最后，应深化考试内容改革，尽可能杜绝纸上谈兵、华而不实的教育现象。

三、学术大转型下的中国新文科

当前，国际形势正在发生前所未有的巨变，面对着新的时代、新的理念和新的发展，中国共产党第十九届中央委员会第五次全体会议，已经把2035年建设成为一个教育强国的宏伟蓝图摆在了我们面前。一个国家的思维能力、文明素质以及精神品格等都是该国哲学社会科学的生动写照，哲学社会科学包含着该国的光辉思想和精妙理论等。在新的时代，新文科的发展是必不可少的，而文科教育又是一个民族培养文化自觉和文化自信的主战场和主阵地。发展新文科是提升国家文化软实力的必由之路。在学术大变革中，新文科之"新"主要表现在这三个方面：新文科的使命、新文科的任务以及新文科的发展方向。

（一）新文科的使命

面对激荡的国际环境，要想在其中赢得一定的话语权，就需要结合中国的优秀传统文化和实际国情进行本土化工作，用蕴含中国智慧、中国特色的"中国哲学社会科学"范式培养出一批焕然一新的创新型、复合型文科人才。这也正是新文科的使命所在。而之前从先发国家引进来的学科范式所培养的文科人才与我国现在的社会需求，出现了供需脱节、不匹配、不适应的矛盾局面。新时代新文科建设的使命包含了国内和国外两个方面。

在国内，人文学科教育要适应中国特色社会主义的新时代。第三次产业技术革命的发展使得社会对劳动力由量的需求转变为质的需求，造成了我们的学科价值引领的主方向与实际的文科教育脱节。因此，在培养我国新文科人才的过程中，需要注重对学生知识能力方面的塑造，真正地培养出拥有复合知识能力的时代新人。新文科的发展应以中国为中心，以红色基因为核心，以马克思主义思想为指导，充分发挥马克思主义在新时代新文科建设中的引领作用，着力培养出服务于我国"三步走"战略所需要的新文科人才，推进我国现代化的高质量发展，让党的事业后继有人。

中国在经济上取得了非常显著的成绩，很多国外人士开始学习中国文化，甚至在全球引起了"汉语热"。目前，大国关系和国际秩序等都在加速重构，在新时代发展新文科是为了能够通过与各国的学术碰撞、文化交流，尽可能地促进世界各国之间的相互理解与战略互信，同时也尽可能地减少各种形式的冲突。我们将以"中国智慧""中国方案""中国精神"等方式，努力塑造一个有担当的大国形象，更好地促进世界和平与发展。

（二）新文科的任务

1. 培养爱国情怀

在学科范式的视野下，人们似乎忽略了文科真正的意义和价值，甚至于很多学生过激地认为文科就是机械地读、写、记、背，甚至还出现了所谓的"文科无用论"的错误观点。此外，新时期西方国家采取多种方式对我国的文化进行了渗透，相当一批学者对欧美学术产生了盲目崇拜的心理，造成了一定程度的智力外流。针对这一现象，新文科的任务就是要让学者体会到家国情怀的感召和激励，强化价值塑造与引领，着力为中华民族伟大复兴培养新时代的社会主义建设者和接班人。首先，要注重新文科教材内容的选取，引导学生进行分析、延伸，在日常的教育中培养学生的爱国情怀；其次，政府政策要加强正面引导，采用多媒体技术深入基层展示多样化、多元化的爱国主义故事；最后，学校应该将资源进行整合，引导学生到红色基地进行参观学习，或者邀请老模范进校园等，通过这些方式来激发学生的爱国之心。爱国主义意识形态的建立需要新文科的发展，构筑家国情怀、实现民族复兴等也都需要新文科来呈现。

2. 构建新文科学科知识体系

我国文科教育中很多学科体系长期不变，专业课局限在固定的专业门类范围内，学科边缘界限过于明显，知识容量低，课程体系落后，考试方式和考核内容比较呆板，缺乏弹性，导致在旧的文科体系下培养的文科型人才与中国新时代社会的需求不匹配，难以满足中国式现代化发展对复合型、实用型新文科人才的现实需要。针对这一现象，新文科的任务是构建新文科学科知识体系。首先，要消除专业壁垒，将相关学科融合在一起，使新文科向大文科方向发展，培养"多学科"的复合型人才，例如，智能管理等；其次，新文科应能与新时代我国的先进科学技术相结合，积极发展新兴学科；最后，新文科应紧随时代发展的潮流，对于一些落后专业可以停招或者撤除，打造具有创新性和阶段性的各类型课程，剔除"水课"，建设"金课"，同时注重专业结构的合理性，避免学科体系走向封闭。

3. 培养复合型人才

目前，很多高校的人才培养方案还沿用着固化单一的文科培养模式，没有充分考虑到新时期经济和社会的发展需求，导致了专业建设停滞不前，办学特色不够鲜明，教育内容与实际需求脱离，无法实现理论技术与实际应用之间的良性互动。针对这一现象，新文科建设的任务是改善校企、校校之间的单一培养模式，构建学科融合、产教融合的新文科人才培养模式，培养新时代复合型人才。首先，建设跨学科的人才培养基地，采取厚基础、宽口径、多学科的人才培养模式；其次，加快推进新文科进行跨国交流，以中国优秀传统文化为主，以外国先进教育理念为辅，培养跨文化的复合型人才；最后，对新文科的培养模式进行长期的检测和评估，不断结合时代需求进行更新和完善。

（三）新文科的发展方向

新文科的建设过程其实就是一个不断革故鼎新、除弊立新的过程。立足于新文科的发展逻辑，阐释新文科建设的发展方向，可以粗略地概括为以下三个方面。

1. 形成多学科深度融合的全产业链知识体系

"交叉融合"是新文科的一个显著特征，而不同学科之间的融合在一定程度上促进了学科的发展。这就要求我们把重点放在学科建设上，加强人文社科之间的协作和交叉。按照《国家中长期科学和技术发展规划纲要（2006—2020年）》的要求，重点围绕以大物理科学、大社会科学为代表的基础学科，以生命科学为代表的前沿学科，以信息科学为代表的应用学科，促进哲学社会科学、自然科学等学科之间的相互融合。一方面，这样可以弥补传统人文社会科学各领域在知识体系、研究方法以及话语方式等方面存在的较大差距；另一方面，还可以通过跨学科、跨领域整合现有资源，使得新人文社会科学中各学科边界不再泾渭分明，学科壁垒得以弱化，从而有利于形成多学科深度融合的全产业链知识体系、创新人才培养模式，培养出符合新时代中国社会经济发展所需要的新文科人才。

2. 建构中国话语体系和中国范式

人文社科的研究既是一国哲学社会思想的体现，又是一国文化发展的逻辑起点。新文科要以时代为参考，以中国为参照，立足中国哲学，诠释儒家思想，抓住文学的核心概念，解读中国的发展道路，不断增强中国的道路自信、理论自信、制度自信、文化自信，形成具有中国特色的话语体系。同时，新文科应助力在中国话语体系主导下，摒弃西方对中国的歧视和误解，改变国内的错误学术倾向，不卑不亢、开放自信地向全世界"全方位、宽领域、广角度"地展示中国理念和中国精神，为推动世界和平，建立人类命运共同体贡献新的智慧，努力提升中国的国际话语权，不断增强中国的综合国力和扩大中国的国际影响力。此外，立足于新背景打造与时代同频共振的新文科，需要海纳百川、兼收并蓄，加强与其他学科的交流和融合，形成中国的学科范式。人才和机制的建设是一国发展的关键，而中国范式的构建恰恰是人才和机制发展的助力器，用新文科推进中国范式的创新发展，这对加深各国文明的交流和融合，推动中国文化在世界上的传播和发展具有重要意义。

3. 确立顺应并引领社会发展的新标准

中国"新文科"的建设，要求高校既要保持自身的繁荣璀璨，又要积极主动地为社会发展与国家建设服务,这就要求高校行政管理部门为大学人文科学的发展与国家、社会的需要搭建起一座桥梁。近些年,我国高校开始涌现出一批具有中国特色的新型智库,这也是顺应国家和社会发展需要的一种体现。例如,"苏州科技大学城市发展智库"将苏州科技大学的城市规划、环境保护等专业与人文、心理学、管理学等学科有机地融合在一起,其成果不仅得到了江苏省委的重要指示,而且对苏州历史文化的保护也起到了很好的促进作用。"新文科"应以继承和发展哲学社会科学作为自己的发展方向,并尽可能地在国家决策进程中发挥"智囊团"的促进作用。显然,这种新的需求既是对传统学术评估观念的挑战,又是对高校人文学科管理实践的硬性要求。"新文科"建设应在新时代的背景下,对其进行重新定位,使其与中国特色社会主义的新时期、新特点与新要求相适应。

第三节　农业农村变革

随着中国农业农村发展的不断变迁和农村经济的快速发展,农业农村变革成为国家发展的重要方向之一。在这个过程中,新文科建设作为农村发展的重要组成部分,正逐渐受到广泛关注。当前,我国高校面临着社会、经济和文化等诸多方面的重大变化,对高校的发展产生了深刻的影响。全面深刻地认识新文科建设的时代背景,对于把握新文科建设方向具有重要的现实意义。

纵观历史,我们可以看到,我国农业和农村经历了翻天覆地的变化,取得了辉煌的成绩。中华人民共和国成立以来,中国的农业农村发展经历了不同阶段的社会变迁,乡村从外貌到社会结构、从生产方式到生活水平都有很大的变化。尤其是党的十八大以来,党中央不断促进我国"三农"工作在思想、实践和制度上创新,推进我国农村改革不断深入,巩固和健全农村基本经营制度,继续稳步推进农村土地"三权分置"、宅基地、集体产权等制度的改革。对农业供给侧结构进行系统深入改革，使农业现代化进程加快，从而提高农业的质量、效益和竞争力。我国农业和农村的发展正处于一个新的阶段，正在发生着历史性变化，取得历史性成就。如今，乡村振兴的号角已经吹响，农业正在成为有奔头的产业，农民正在成为有吸引力的职业，农村正在成为安居乐业的美丽家园。这为新文科的建设发展提供了背景和动力，高校需要培养适应不同阶段农村发展需求的人才，以支持和推动农村地区的发展。

一、乡村振兴战略的新需求

2014年，中共中央、国务院印发《关于全面深化农村改革加快推进农业现代化的若干意见》明确指出："我国经济社会发展正处在转型期，农村改革发展面临的环境更加复杂、困难挑战增多。工业化信息化城镇化快速发展对同步推进农业现代化的要求更为紧迫，保障粮食等重要农产品供给与资源环境承载能力的矛盾日益尖锐，经济社会结构深刻变化对创新农村社会管理提出了亟待破解的课题。"在这一重大转型的历史背景下，中国共产党面对农村经济问题做出了"乡村全面振兴"的目标选择与坚持"走中国特色社会主义乡村振兴道路"的路径探索，从而形成了新时代以乡村振兴为主题的农村经济发展战略。

新时代我国处于决胜全面建成小康社会和实现中华民族伟大复兴中国梦的重要发展机遇期，我国社会的主要矛盾已经转化为"人民日益增长的美好生活需要和不平衡不充分的发展之间的矛盾"。针对这一主要矛盾变化，以及当前我国农业农村农民发展不平衡不充分的现实状况、乡村振兴战略的提出，体现了党深刻的政治洞察力。乡村振兴战略被视为引领未来实现中华民族伟大复兴中国梦过程中农业农村发展的重要举措，旨在解决我国发展不平衡不充分的问题，满足人民对美好生活的需求。

乡村振兴战略是中国共产党在推进农村改革与发展方针政策中的一项重要战略部署，也是新时代党在农村发展工作中的总抓手。在新时代，我们应当按照中国特色社会主义的国情、农情和民意，坚定地走好中国特色社会主义乡村振兴道路。这一路径涵盖城乡一体化发展、共同富裕、质量兴农、绿色经济、文化兴盛、乡村善治和特色减贫七个方面，采取齐头并进的方法加快推进农村经济全面提升、农业社会全面进步、农村人民全面发展和城市乡村全面融合，为新时代乡村振兴战略描绘出光辉的篇章。

党的十九大作出实施乡村振兴战略的重大决策部署，2019年中央一号文件进一步明确农业农村优先发展的总方针，并将实施乡村振兴战略作为新时期我国"三农"工作的总抓手。到2050年，我国将实现农业强、农村美、农民富的总体目标，乡村全面振兴将成为我国农业改革发展进程中的重要历史使命。中国高等农业院校作为服务乡村振兴战略的主要生力军，在农业科技人才培养和现代农业科学研究方面发挥着重要作用，是乡村振兴战略科技创新和成果供给的重要力量，也是新型人才聚集的主要场所和政策咨询研讨的高端智库。人才是实现乡村振兴战略目标的关键要素，因此，迫切需要建设一支懂农业、爱农村、爱农民的乡村振兴人才队伍。为此，农林高校必须加大力度更新现有的涉农学科专业，积极开发新型涉农学科，并以学科专业创新与改革发展为基础，逐步构建新型农业人才培养体制。

二、生态文明建设的新挑战

乡村振兴既是推动我国经济社会发展和建设社会主义现代化强国的现实要求与表现形式，同时也是实现农村经济社会发展、缩小城乡差距、促进全体人民共同富裕、化解我国主要社会矛盾的必然要求。产业振兴和生态振兴是乡村振兴战略的两个重要方面。一方面，产业振兴作为乡村振兴战略的核心要求之一，被放在乡村振兴总要求的首位。乡村振兴需要产业兴旺作为重要基础和保障，因此如何实现农业产业的可持续发展，对于推动我国乡村振兴工作至关重要。另一方面，宜居的生态环境也是乡村振兴的重要保障。在农业城乡建设和产业转型升级的过程中，必须保护好乡村的自然环境，建设各具特色的美丽乡村，探索乡村内生性低碳经济增长模式，同时也需要创造良好的社会生态环境，以推动乡村生态文明建设，为乡村振兴积极助力。

2018年5月，党中央召开全国生态环境保护大会，正式确立习近平生态文明思想。习近平生态文明思想成为新时期党和国家生态文明建设工作全面开展的关键行动指南。习近平总书记强调："走向生态文明新时代，建设美丽中国，是实现中华民族伟大复兴的中国梦的重要内容。"生态文明战略的目标是建设美丽中国、实现经济社会发展与生态环境保护的良性循环。为实现这一目标，生态文明战略提出了一系列任务，包括加强环境保护、推动资源节约和循环利用、促进生态文明教育和文化建设等。生态文明战略既是中国特色社会主义事业的重要组成部分，又是实现可持续发展的重要保障。树立和践行绿水青山就是金山银山的价值观念，为高等教育提供了全新的需求与挑战，同时也为高等教育发展指明了发展方向。

生态文明建设是促进国民经济高质量发展的必然要求，需要综合运用自然科学、社会科学、人文科学等多种学科的理论知识与方法，是多个学科交叉融合协调推进的系统工程。高等学校的人才培养资源优势、科学技术资源优势、社会人文资源优势，将在中国生态文明建设中起到巨大的保障和推动作用。农业高等学校理应义无反顾地站在生态文明建设的前线，成为美丽中国建设的坚强支持者和有力推动者。同时，农业高校还应该以新文科建设为主要切入点，把坚持和贯彻"两山"理念融合在学科改革和人才培养的具体实践中，明确新文科建设的学科调整优化方向和人才培养目标。

三、农林经管人才需求的新变化

当前至2035年是我国基本实现农业农村现代化总体目标的关键时期。农业农村现代化是中国现代化的重要组成部分，其中科技和人才是关键因素。加快布局发展新文科专业，积极培育农林紧缺人才，是中国高等农业院校为服务农业农村现代化建设、助力乡村振兴发展所迫切需要的举措。同时也是高等农林教育为应对当前国际国内的形势与挑战、顺应新发展阶段、构建新发展格局、建设高质量高等农林教学体制的内在需求。

新文科建设对于促进文科高等教育的蓬勃发展、加速培育新时期文科人才、增强我国文化软实力有着重大意义。"经管法"是新文科四大学科群门类之一，其中的农林经济管理专业具备经济类和管理类专业的特点，是农林类高等院校广泛设置的专业。该专业在培育地方农业经管类人才、践行乡村振兴国家战略方面发挥着重要作用。随着我国经济进入高质量发展阶段和建设中国特色社会主义的新时代，高等教育教学改革得到不断推进，对农林经管专业人才的需求也发生了相应的变化。

（一）思想政治素养

坚持社会主义先进的办学方向，以习近平新时代中国特色社会主义思想为指引，深入加强马克思主义理论指导，着力培养德智体美劳全面发展的社会主义建设者和接班人，是党和国家的政治要求，也是新时期赋予高校的历史使命。这对农林经管人才的培养尤为重要。立德树人是农业高校的根本任务，在我国新文科建设的背景下，首先，各地方农业院校要将立德树人思想贯彻到学校教育的各个方面，凝聚社会共识，营造全员、全过程、全方位的立德树人的良好氛围，形成育人合力，并将这一思想融入农业农村人才的培养计划之中。其次，将立德树人和培养学生的责任与担当紧密地融合在一起，站在全面服务乡村振兴战略的高度，着力培养农林经管人才知农爱农、服务中国农业农村发展建设的责任心和使命感。最后，要以中华传统文化为基石，将立德树人思想理念牢牢植根于中华传统文化之中。

随着，国家农业农村发展战略调整和政策变化，农林经管人才需要具备更高的思想政治素养。首先，农林经济管理人才需要具备更强的政策意识，了解并熟悉国家农业政策、农村发展政策以及生态环境保护政策等，以便能够适应和应对政策变化，为农林经济的可持续发展提供支持。其次，农林经济管理人才需要拥有正确的政治观念，确立坚定的政治立场，坚持并践行"四个意识"，承担起维护社会良知、保障社会公平公正的责任担当，坚持走中国特色社会主义道路，积极践行社会主义核心价值观，坚守党的领导，服从党的政策安排，为实现乡村振兴战略贡献力量。最后，新文科人才培养要转变以往只重视育才而忽视育人的模式，要坚持立德树人，坚持育人和育才相统一，使思想政治教育和专业教育相互融合、并驾齐驱，形成"价值塑造、知识传授、能力培养"三位一体的人才培养新模式。

（二）"三农"情怀

中国的农业虽然发展了数千年，但目前仍有很多地方停留在以劳动密集型为主的阶段，之所以会出现这样的情况，很大程度上是因为对农业专业人才培养的思想落后和对教育的不重视。农业是一个国家的根本，对维持国民经济的健康发展和国家的经济社会安全有着不可替代的重要作用。要把"三农"工作做好，我们就必须要有"三农"情怀。在新时代背景下，农林经济管理专业人才更加需要爱农、懂农、适农，培养"新农人"的"三农"情怀，为中国高等农林教育注入全新的生命力。

高等农林教育要用"培养更多知农爱农新型人才"的行动，来回答"培养什么人、怎样培养人、为谁培养人"这一核心命题。"三农"情怀是农林经济管理新型人才的必备素养。然而，"三农"情怀并非与生俱来，它必须经过长时间的培植与浸润。首先，农林经济管理专业人才必须培养"一懂两爱"基本素养。所谓"一懂两爱"指的是懂农业、爱农村、爱农民。懂农业是指掌握现代农业的特征与规律，懂业务、精技术、善经营、会管理等，能够对"三农"工作进行科学的指导，解决人才"用不上"的难题。爱农村是指真正地热爱农村工作，以改变农村面貌为自身价值的体现和追求，解决人才"下不去"的难题。爱农民是指尊敬和爱护农业劳动者，在工作学习上真心为农民解决问题，对农民有深厚的感情，解决人才"留不住"的难题。其次，农林经管人才必须具有"三农"的系统知识，把自己的全部精力都投入到"三农"事业中去，要经常组织下乡实践，通过自己的亲身经历，加强自己与农业、农村、农民之间的联系，在实际工作中不断提升自己对农业的认识，了解并热爱农村、农民，毕业后把自己所学的本领反哺给农业、农村，从而促进乡村振兴战略的全面实现。最后，农林经济管理专业人才要具备适应农业和社会发展快速变化的能力。当前人们生活的节奏和社会变革的速度变得越来越快，只有那些能够适应这种快速变革的人才，才能继续推动农业农村现代化发展。

（三）复合交叉知识

农林经济管理的学科设置大多根据传统农业生产方式的分工而设立，这在一定程度上存在一些问题，比如学科界限较为狭窄、各学科之间衔接比较困难等。这种学科设置方式已经无法适应中国农业现代化发展的新要求，也无法满足农业知识与技能进一步交叉融合的发展需要，更无法满足促进学生全面发展的需要。目前，农业知识生产方式正在出现新的变革，学科融合已经形成一个全新的发展趋势。全新的学科知识体系需要进一步适应这种趋势，突破现有农林专业的边界，推动理、工、管、经、文等现代学科知识与中国传统农业科技和林业科学的进一步交叉融合。这不仅可以解决涉农、涉林的科技复杂问题，破解各类社会经济问题，而且可以打破传统的思维定式，立足于长远与未来，在更为宽广的学科专业空间中探讨所有可能发生的科学问题。采用这样的方法，将有助于进一步拓宽知识生产体系与人才培养的思维范式，从而促进传统文科向新文科建设的转变。

传统的文科类专业建设大多聚焦于单一专业，尽管各个文科类专业都提供了一些与数智时代发展密切相关的课程，如数学、信息技术和统计学等，却仍与国家新文科建设的需求差距遥远，更与国家经济社会发展对复合型专业技术人才的要求差距甚远。随着新一轮科技革命的冲击，文科类专业也需要进一步突破传统的专业界限。因此，农林经济管理专业人才需要充分利用学科交叉融合的"催化剂"，进一步强化农业基础学科培养能力，打破传统的学科界限。按照新文科建设的指导原则，对目前高等院校现有的学科专业体系加以更新调整、优化升级，与马克思主义理论、数学、统计学、计算机科学与技术等学科实现深度有机融合，面向高新科技前沿和重要应用领域，进一步增强学生的创造力。

（四）创新实践能力

目前，新一轮科技革命和产业变革正在迅速推进，科技创新在现代农业建设中的影响也越来越突出，生物技术、工程技术、信息技术等前沿技术不断地向农业领域渗透，推动新一轮的农村技术变革。同时，中国现代农业产业转型升级也正在加快步伐，农业新业态、新模式层出不穷，现代农业产业工程化、信息化的发展趋势越来越明显，为涉农高等院校的学科专业布局与人才培养水平提出了新的挑战和要求。在新文科建设的大背景下，要想进一步提升农林领域的学科专业水平层次，就必须拓展传统农科专业的内涵与外延，重新构建其学科框架与知识结构，以培养出新一批的农林经济管理人才。

传统人文学科的实践教学偏重对学科理论知识的验证、巩固和简单运用，单纯地把实践教学看作课堂教学的辅助或补充，忽略了实践教学环节的价值引领以及对学生综合能力的培养。实践教学环节的功能性缺失不利于培养学生解决问题的实践能力和敢于探索的创新精神。为此，在新文科背景下，高等教育应转变长期存在的重理论、轻实践的倾向，强化对实践性课程的讲授，从而培养出既有理论素质又有实际操作能力的创新人才；实施开放教育，以科教结合、校企合作等方式，构建协同育人大格局；运用新科技、新技术、新方法、新手段，培养有素养的农林经济管理人才。在新文科的大环境中，农林经济管理人才必须具备创新思维和实践能力，能积极地思考和解决问题，可以将农林经济管理专业的理论、方法和工具结合起来，分析和回答农村中的现实问题，并具有团队协作和交流的能力，从而为农林经济的发展提供一种有创意的管理方式，促进农林经济的转型升级。

第二章

新文科建设理念与思路

第一节 全人教育理念

一、全人教育理念的源与流

（一）国外全人教育的研究与发展

德国古典哲学创始人康德认为教育的使命在完成人之所以为人，意思是教育的重要任务是帮助个人的全面发展。全人教育思潮可以追溯到公元前3世纪亚里士多德和柏拉图的哲学、教育思想。自由教育是亚里士多德总结的古希腊教育传统，身心和谐发展的教育思想是柏拉图倡导的教育理念，这两种思想实质上已经带有了全人教育的色彩。14世纪至19世纪的欧洲，已经有众多哲学家、教育家提出教育的最终目的应该回归人本身。这与文艺复兴时期提倡的"人性"思想密切相关。诸如，捷克教育家夸美纽斯强调教育的目的是把一切知识教给一切人；法国教育学家卢梭提出教育最大的密法是使身体锻炼和思想锻炼相互调剂，意思是要做到"身心两健"，追求身体与心智的和谐发展，这种理念表达了教育的目的是培养出自由的人；德国教育家洪堡提出了培养"完全的人"的教育目标；英国近代教育家托马斯·阿诺德提出教育的目的是要培养智力发达、举止高贵、公正客观、情趣高雅的绅士。

除了欧洲以外，美国和日本也是全人教育的主要理论阵地，一些重要的有关全人教育的学术期刊和专著也较早诞生于美国和日本。1921年8月，在日本学术学会举办八大教育主张的讲演会上，日本教育家小原国芳提出了全人教育理论。小原国芳一生著作颇丰，很多著作都是围绕全人教育论展开，从而形成了完整的全人教育理论体系，《全人教育论》是其代表作之一。美国教育家隆·米勒是全人教育的重要提倡者之一，在20世纪70年代末，他正式提出了全人教育的概念，并且于1988年在美国创办了第一份与全人教育研究相关的杂志期刊——《全人教育评论》。

许多学者曾对全人教育理念的基本原则作出过深刻的探讨。20世纪中后期的美国，全人教育思潮的呼声浩大，《全人教育评论》成为全人教育倡导者发声的最重要舞台之一。在《全人教育评论》的第一期上，菲利普·甘提出了全人教育的一些基本原则，也就是教育要综合培育学生、教育要赋予学生全球视野和符合全人类利益、教育要帮助学生发展创建世界和平的精神性。1990年6月，包括隆·米勒在内的80多位全人教育的倡导者在芝加哥签署《教育2000：全人教育的观点》，同时提出了全人教育的十项原则：第一，个体发展优于国家经济发展；第二，尊重每一位学习者；第三，重视体验性学习；第四，重视教育整体性；第五，重新定义教师的功能；第六，学习者具有选择自由并且应得到尊重；第七，教育是为了构建参与式民主社会；第八，教育是为了培养地球公民；第九，进行共存的生态教育；第十，重视培育人的灵性。1996年雅克·德洛尔在联合国教科文组织报告《教育：财富蕴藏其中》中也提出了一个教育的原则，即教育应当促进每个人的全面发展，应该使每个人尤其借助于青年时代所受的教育，能够形成一种独立自主的、富有批判精神的思想意识，以及培养自己的判断能力，以便由他自己确定在人生各种不同的情况下他认为应该做的事情。

（二）国内全人教育的研究与发展

我国传统文化当中很早就关注到了人的全面发展。儒家设定的理想人格形象"君子"，反映出儒家思想中理想的教育目标，即培养出文武合一、术德兼备的人才。孔子指出"子以四教：文、行、忠、信"。一部分学者在东方文化的语境下对全人教育展开过解读，他们普遍认为全人教育的观念与中国传统思想中的某些观念相契合，中国的文化传统中也有丰富的全人教育思想，如整体、和谐、联系、平衡等。赖明德（2002）认为中华民族传统的全人教育的意义在于教导人们天人合一、内圣外王、仁民爱物三项道理。钟启泉（2001）则认为，老子"生""和"的思想与全人教育理念所主张的和谐、创造、灵性等观念是相互呼应的。杨婷（2005）则指出，中国传统教育讲究道德性，强调人的价值，追求人与自然和谐共生。这些理念对人文理性价值观的形成具有十分重要的影响。

2000年以后，我国的很多学者也开始研究全人教育理念。刘宝存（2004）分析上述全人教育的十大原则总结得出，全人教育是一整套系统而复杂的教育思想，不是一种单一的、特殊的课程，它强调人的整体发展、个体的多样性以及经验与个体的相互合作。现代社会工业发展造成的生态危机促使人类思考地球生态与环境问题，进而使生态学兴起。苏中（2005）在对生态型教育的研究中提出，全人教育强调求得共存的生态教育，顺应了生态学的这一发展趋势。教育必须扎根于地球生态，帮助学生获取生态意识，教会学生懂得敬畏生命，最终使得学生培养出生态型人格。

不同的教育目的会导致不同的教育理论，一些学者在探讨何为教育目的之终极中概括出全人教育的核心内涵。冯建军（1999）研究人的教育核心与旨归，通过对比传统德育、智育、体育、美育的平行结构，他提出人是自然生命和价值生命的统一体，全人教育是一种具备4个侧度的金字塔结构，分别是对自然的教育、对真的教育、对善的教育以及对美的教育。他认为，全人教育的真正价值和意义在于健全的心智和完善的人格。谭敏和范怡红（2006）基于"人可以成为'全人'"的假设研究近代的教育目的，指出全人教育是一场关于教育目的的革命，旨在纠正机械化与功利化的教育目的。他们认为，全人教育的内涵具体包括六个方面：第一，追求人的全面发展；第二，寻求人类之间的理解和生命的真正意义；第三，强调培养学生人文精神；第四，鼓励跨学科互动与知识整合；第五，追求精神与物质的平衡，注重生命的和谐与愉悦；第六，培养出具备整体思维和系统思维的人。

课程的设计是全人教育得以推行的媒介，在全人教育思想指导下的课程也体现着全人教育的基本原则。课程的设计与实施离不开教师这一重要角色，一些学者把全人教育理念的贯彻落实寄托在教师身上，这些学者认为全人教育理念指导下的课程设计方式与课程实施方法也必须得到相应的改革与规范。

肖海涛（2001）提出在课程设置上应该依据"天人物我"的和谐哲学基础来设计全人教育课程，学生可以在按照天、人、物、我分类的通识教育课程中选修课程。除此之外，他还认为在教学方法上要采取融渗式的教学方法，同时加强教师的交流与评监工作。文辅相（2002）在关于大学生人文素质教育的研究中提出，坚持全人教育的理念必须在重视学生整体素质培养的前提下进行文化素质教育，必须从培养一个完整的人出发权衡利弊、整合考虑，应该把提高大学生的文化素质作为提高学生整体素质的一个组成部分，以"教化—示范—养成"为途径，深入开展文化素质教育。安桂清（2006）的研究涉及了全人教师的培养。她基于整体论侧重于对全人教育课程的研究，对全人教育课程的贡献主要体现在对传统课程观的突破。她认为全人教育理念是一种关系思维、转化思维和灵性思维的综合体现。

二、全人教育理念的核心要义

全人教育是什么？所谓"全人教育"，归根到底就是"全人"教育，即"完全人格"的教育，要求学生都要力求成为"全人"。通过对全人教育思想渊源的追溯可以得知，全人教育思想的诞生并非一朝一夕，理论的形成也绝不是一蹴而就的。对于究竟是谁最早提出"全人教育"理念的问题，很多学者精心研究过，但是仍未得出准确的答案。张东海（2007）认为，全人教育是由隆·米勒等人倡导的一种教育思想体系。毋庸置疑，隆·米勒确实是20世纪全球全人教育思潮的重要助推者，但他并未完整地提出全人教育理论。一般认为，日本著名教育家小原国芳是全人教育思想的集大成者，他依据希腊大哲学家柏拉图的"和谐就是善"，以及裴斯塔洛齐的"和谐发展教育"等思想创造出全人教育理论。小原国芳认为，全人教育的培养目标是多方面和谐发展的具备"完全人格"的人、完美的人，其核心要义包括六个方面：真、善、美、圣、健、富。即学问教育、道德教育、艺术教育、宗教教育、身体教育和生活教育六个方面，从而构成了"全人教育"理论的价值体系。

（一）求"真"的教育

求"真"的教育实际上是一种学问教育，小原国芳认为学问教育的理想在于真。学问教育是指一般意义上的智育。他反对教育中的填鸭式教育和死记硬背的学习方法，反对一味追求竞争和功名利禄的教育，更加反对那种为了考高分而教人作弊的教育。小原国芳反对的都是他认为已经歪曲了的教育，认为这些都不是真正的教育。他认为不管是填鸭式的教育，还是只为了考高分的功利性的教育，都会慢慢消灭学生的探索心、好奇心以及求知欲。他主张教学的目的在于激发学生的创造力和对真理的探究精神。他认为教师在教学中不能仅仅传授知识，更应培养学生的思考能力。这正是当今教育所倡导的"授之以渔"，也就是教会学生学习的方法和令其掌握学习的能力。小原国芳受孔子教育思想的影响颇深，他认为好奇心在教育中具有十分重要的作用，因此他常常引用孔子的名言"知之者不如好之者，好之者不如乐之者"来表达这种思想。换言之，要提高学生的学习质量，并不意味着必须加重他们的学习负担，而是要充分赋予学生对于学习的兴趣和爱好。

（二）求"善"的教育

求"善"的教育实际上是一种道德教育，小原国芳认为道德教育的理想在于善。道德教学的重大任务就是启发儿童的道德知性，锻炼坚强的意志，陶冶纯美的情操。小原国芳在他创办的玉川学园中也单独开设道德教育课，他始终坚定不移地强调道德教育的重要地位并身体力行。他认为道德教育课的任务在于培养学生懂得人格价值之尊贵，树立正确的三观，深刻理解什么是真正的善与恶、苦与恼、罪和忏悔。基于此，他提出了有关于道德教育的十个诀窍：第一，不局限于表面行为，必须了解学生的内心世界；第二，让学生自然而然地流露内心的真实感受；第三，为了达到真正的互相理解，以满腔热忱的爱与学生的思想进行沟通；第四，以慈悲与权威进行道德教育，也就是"严父慈母"类型的教育；第五，必须对学生的隐私进行保密；第六，互相信赖；第七，奖励；第八，尊重他人，看到长处；第九，教师必须以身作则；第十，互相帮助。

（三）求"美"的教育

求"美"的教育本质上是一种艺术教育，小原国芳认为艺术教育的理想在于美。"美"的教育中的"美"意指灵魂美、内在美，而不是体态美、外在美。求"美"的教育主张在学校中进行艺术、审美方面的教育。因此，"美"的教育关注学生对美的事物的感知、探索、模仿乃至创造，从吟咏名诗到鉴赏音乐，从模仿名画到创作美术作品。小原国芳在创办玉川学园之初，就提倡儿童观看符合他们欣赏水平和由儿童演出的戏剧（也就是"学校剧"）。这些"学校剧"的主题涵盖亲情、友情、诚信、奉献和科幻，这些内容对塑造儿童的艺术爱好具有很大的助力。当然，"美"的教育也要求教育学生认识自然之美，尊重自然之美、热爱自然之美以及触碰自然之美。

（四）求"圣"的教育

求"圣"的教育事实上是一种宗教教育，小原国芳认为宗教教育的理想在于圣。宗教教育并非宗派教育。尽管小原国芳是一位虔诚的基督教徒，但是他所指的"宗教"并非具体的宗教元素，而是在"圣"的要求指引下，帮助学生获得一种超感觉的神秘体验，从而引领他们进入一种超现实世界的精神秘境，这是对人类精神层面的极高追求。宗教教育需要启迪和开拓学生的精神世界，丰富学生的精神生活，使学生的精神发达。小原国芳认为宗教教育的作用远不止于此，他认为想要避免在学校教育中只重视智育而忽视德育、美育、体育等的问题，那就必须进行宗教教育。因此，小原国芳把宗教生活放在全人价值体系的最顶端。

（五）求"健"的教育

求"健"的教育实际上是一种体育教育，小原国芳认为体育教育的理想在于健。开展体育教育，手段和目的不能混同。全人教育的体育教育反对那种一味追求胜负的竞赛导向，相反，体育教育的目的不是赢得奖杯，而是培养强韧的体力、长寿的生命、匀称的身体。求"健"的体育教育要求向学生传授人体卫生学、生理生物学等知识，以帮助学生认识人类自己身体构造、功能等，并给予学生严肃的道德训练，使学生能够深刻理解人为什么要进行体育活动，即人自身的需要要求人进行体育活动。体育教育可以培养学生勇敢、协作、忍耐等品质，这实际上就是全人教育的目的。小原国芳十分重视学生的运动状况，他综合了多个发达国家的学生体操，包括柏林的"表现体操"、维也纳的"自然体操"，以及芬兰、瑞典体操，设计出了玉川体操。值得一提的是，小原国芳每年都会举办不设奖杯的运动会，这足以看出他要培养的不是体育冠军，而是热爱运动、身体健康的运动爱好者。在小原国芳看来，运动教育的形式不应该只局限于常见的跑步、打球和体操等项目，还可以是滑雪、游泳、登山、攀岩、柔道和剑术等其他运动形式。

（六）求"富"的教育

求"富"的教育实际上是一种生活教育，小原国芳认为生活教育的理想在于富。这里的"富"是指"合乎道德的富"。生活教育不是以教会学生发财致富为目的。事实上，小原国芳非常反对"为富不仁"的行为，也反对那些只知道赚钱的商人。相反，他很赞扬那些愿意奉献自己的金钱来发展社会、支持教育的企业家们。在全人教育中，生活教育所涵盖的范围十分广阔，不仅要求学生学习政治、经济，还要求学生学习交通、军事、外交等。更重要的是，全人教育的生活教育要求教育学生正确地使用财富，求"富"教育倡导："应该教育孩子如何正确地使用财富，这比创造财富还重要。"小原国芳承认，"富"有着强大的力量，这种力量应该得到正视。换言之，求"富"想法是正确且正常的，但是求"富"的方法必须是合乎情理的、合乎道德的。此外,"物质富有"和"精神富有"应该是共同发展的,求"富"教育在促进这两方面发展上都要有坚实的举措。

第二节 建构主义教育理念

建构主义教育理念是一种错综复杂、派系林立的理论,随着人类社会的信息化进程,传统的教学理论的局限性日渐显露出来。为了适应时代的发展,教育与学习的变革得到了前所未有的重视。本节将讨论建构主义教育理念的内涵,并在此基础上对该理念的应用进行深入的分析与探讨。

一、建构主义教育理念的内涵

建构主义教育理念是将建构主义理论运用于教育领域,其理论起源于皮亚杰,最初在美国得到发展,后传入我国国内。建构主义的教育理念对教育改革提出了新的要求,了解其历史和内涵对于实践运用会有帮助。

建构主义教育理念内涵丰富。建构主义是认知心理学派中的一个分支,也被称为结构主义。从总体上来看,建构主义分为激进建构主义、社会性建构主义、社会性建构论、社会文化认知等流派。建构主义教育理念的基本观点是,学习者通过与外界环境的互动渐渐形成对于外部世界的一种认识,从而形成一种知识体系结构。在建构主义教育理念的理论中,学习并不只是知识、经验从外部向内部的转移和传递,而是学习者自身主动去对得到的知识和经验进行的一种建构,将旧有的理论和新获得的理论进行相互交织,丰富和改造自己的知识体系,从而得到一种自我发展的过程。学习者在与其所处环境的互动中,存在着"同化"和"适应"这两个最根本的过程。综上所述,建构主义教育理念的核心内容是:以学习者为中心,强调学习者对知识的主动探索、主动发现以达到自主构建知识的目标。

建构主义教育理念的历史悠久。皮亚杰被认为是第一个提出建构主义教育理念的学者，后来维果茨基、科尔伯格、卡茨等人对建构主义教育理念又进行了不同的解读。但是，在此期间关于建构主义教育理念的研究并未引起足够的重视，相关的论文也尚未出版。大约在20世纪90年代，建构主义教育理念在美国兴起。美国心理学家赫伦、博德纳等人把建构主义应用于化学教学中。乔·耶尼认为，建构主义可以使人思维集中，产生新的观念。进入21世纪以后，从建构主义的角度来分析教学已经成为一个热门的课题。遗憾的是对于教学设计的研究很少，多数集中在对课程标准、教材、教学流程等方面的研究。比如，农波艾堡通过对皮亚杰建构主义教育理论的分析，为化学教育提供了切实可行的指导意见。国外先进的教育理论与实践为我们的教育改革与实践提供了有益的启示。以目前的情况看，建构主义理念虽然在我国的发展还不够成熟，但是它与传统的教学和学习理论相比所具有的独特性，已经引起了我国学术界和实务界的高度重视。近几年来，建构主义教育理念在教育界的影响力越来越大，并逐渐在我国的教学中得到了推广与运用。

建构主义教育理念逐步发展。在整个教育过程当中，把"以受教育者发展为中心"作为建构主义教育理念的一种价值取向。教育者应当顺从受教育者主体发展需要，将其主体性当成教育的核心，将受教育者的发展程度作为衡量教育过程的最主要的根据。反之，建构主义也为教育提供了一个很好的理论基础，这对教学改革提出了新的要求，其对人文的关怀，对目前仍在误导着教育界的客观性认识论展开了深入的思考，它不把知识看成是关于绝对真实的知识，而是把知识看成是个体对知识的一种建构，也就是个体对世界的理解，而不是世界本身。它用其独特的学习观和教育观给教育领域带来了一股新鲜的气息，它强调的是知识的不稳定，重视的是个人的体验，以及认为个人对周围世界的认知是一个动态的、建立沟通的时间历程。

根据国内外学者的研究，建构主义教育理念主要体现在以下四个方面。

1. 学生作为知识的建立者

学习是建立在学生原有知识和经验的基础上，在特定的"情景"

中，学生将所获得的新知识、新信息进行积极的加工，并依靠自己的努力将其消化为自己的一部分。因此，在教学过程中，教师不仅仅是单纯的"教授"，更重要的是"指导""发现""建构"等。老师要把教学当成一种知识的传递和学习的激励，营造一个积极的、互动的学习氛围，要激励学生表述出自己的观点，提出自己的问题，并且主动地去寻找答案。

2. 作为个体化过程的学习

建构主义教育理念认为，每一个学生由于成长的环境和经历不同，拥有不同的性格、兴趣、学习方法和独特的思维方式。所以，在教学中教师要针对学生的个体差异，量身定制不同的教学方案。通过教与学，使每一个学生都能发挥出自己的长处。

3. 作为社会性过程的学习

建构主义提出了一种新的教育理念，即"学习"不仅是"个体"的问题，而且是"社会"的问题。我们所经历的世界是由我们自己创造的，对于同一件事情，每个人都有不同的理解。在相互尊重的前提下，通过与他人的交流合作来获取不同的知识，接纳并包容与自身不同的观点和行为，使得自身对世界形成更加全面综合的认识，完成对知识的构建。所以，在教学中教师要营造一个互助合作的学习氛围，使学生能互相学习、互相帮助。

4. 作为反省过程的学习

在建构主义的教育中，学生不仅要获得知识，还要反思学习中可能出现的错误，以及总结更为高效和恰当的方法。在此情况下，老师要引导学生对其学习过程进行反思，并考虑其所采用的学习策略的有效性和可操作性，让他们对所学的东西有一个更好的了解和掌握。

总而言之，建构主义教育认为应当秉持"以生为本"的教育观，强调"以人为本"和学生在课堂上的主体性，将学生视为知识的建构者，将学习作为一个积极的、个性化的、社会化的、反思的过程。与此同时，教师不能一味地传授和灌输知识，而要对学生进行指导和促进，让学生自己对得到的信息进行处理和加工，对知识进行主动的建构。

二、建构主义教育理念的应用

建构主义为教育带来了新的方法和方式,成为变革落后教育观念的思想武器和行动指南。在建构主义教育理论的指导下,分析不同的教育应用模式能够更加深入推进教育改革,下面将主要分析课程研究模式、情景式教学模式、互动式教学模式、探究式学习模式、社会文化模式和概念转换教学模式等。

(一)课程研究模式

建构主义认为,以课程为基础的学习,其实就是在"做中学"。"做中学"是指学生在"动手做"的过程中,亲身体验知识的生成过程,进而得到最为直接的学习。美国的"2061计划"(美国科学教育计划)里提到,在不同类型的学生身上进行科学教育,最有效的战略就是帮助他们了解自己亲身体验的生活,以及与文化有关的活动。在这方面,各国都进行了富有成果的实践探索,并形成了一批成功的案例。

丹麦奥尔大学建立了一种以专题(项目)为组织的教学模式,这个教学模式的主要过程如下。(1)选题阶段。由老师与学生共同确定一个学期的课题。所谓课题,就是由几个相互关联的问题组成的复合体,这些问题既有科技内容,也有社会因素。它既可以是融合社会、经济和政治的综合问题,如能源危机、水资源短缺等,又可以是技术问题,如某个生产环节的自动化。对于相同的题目,可以从其不同方向切入,由学生自己挑选其中一个题目作为本学期的课题。(2)教师与学生合作学习阶段。这是该模式的核心,其运作要领是建立课题小组。每个课题小组通常有6~8人,单独配有一个导师和一个工作间。并且,导师会以课题为中心,进行多样化的教学和科研活动。教师可根据课题设置课程,选择必修或选修课程,为学生进行专题研究打下良好的基础。(3)项目报告编写阶段。课程小组必须在项目评估前两个星期写好项目报告,并装订成册。(4)项目评审阶段。每一个项目都要建立一个评估委员会,对项目进行评估。选题评审的步骤为:第一,课题组朗读选题报告;第二,评审员就课题的具体内容和课题相关的问题，向课题组提出问题，并请课题组做出说明；第三，评估报告的品质。

（二）情景式教学模式

情景式教学模式也称为案例式教学模式，即让学生通过一定典型和深刻的案例，学习到事物的性质、规律以及相互之间的联系，构建认知图式。因为这种教学方式也被比喻为像轮船一样抛锚固定，所以又被称为抛锚式教学模式。

情景式教学模式特别强调对于情景的运用，这一模式的过程是：（1）创设一个情景。构建一个情景使得学生能够在与实际情况大体相符或相近的情况下进行学习，可以增加学习的沉浸式体验，带给学生不同的感受和经历。（2）让学生判定问题。在所假设的情景下，选取与所学话题有关的真实事件或问题作为本课程的研究重点。选择出来的事件和问题成为"锚"，这个链接起到了"抛锚"的作用。（3）培养学生的自学能力。老师会根据学习情况给学生一些相关的提示，让他们自己去探究和解决问题。（4）鼓励协同学习。让学生共同展开讨论、交流，用不同观点的碰撞、补充、修改来加深学生对当下问题的理解，并且增加对于不同观点的包容程度。（5）研究成果评估。研究成果评估中要包含学生自己对于结果的评估，以及学生在学习过程中的评估。

情景式教学模式主要是让学生沉浸式处于一个问题的情景中，从而萌发出求知的愿望，通过团队之间的相互协作和交流、自身的努力和体验，让知识在情景体验过程中完成建构。综上所述，情景式教学能够帮助学生更好地融入现实生活，获得独立识别、提出和解决问题的能力。

（三）互动式教学模式

互动式教学模式是在大教育观的背景下，从建构主义的角度对教学模式进行创新和改进，通过强化理念、明确目标、引导思路三个步骤，利用现代化信息技术营造出一种互动学习环境的教学模式。

这一模式的过程主要是：（1）采用"以问题为导向"的方法。老师给学生一个真实的问题，让他们分别去搜集数据，或者通过实验、假设等探究活动，找出解决问题的关键，这有利于培养学生的创造性思维。（2）进行互动。在教学生态链中，要重视师生间的互动关系，把学生作为课堂的主要部分，让学生自己去探寻和建构知识，鼓励学生发挥自己的个性和创造力。（3）引导和反思。在教师的科学引导和创新下，学生才能在持续的互动课堂中去理解和探索知识，自觉地对问题的解题过程进行思考，探析该问题和以往所碰到问题的共同之处和差异点。教师则帮助学生总结、了解新知识在实际中的应用。

毫无疑问，在科学理论的指导下，创新研究成果并充分利用现代化教学方法，在教学实践中进行检验，才能形成有效的教学模式。因此，互动式教学模式在建构主义学习观和教学观的基础上，坚持以学生为主体，积极提升学生知识建构和适应新环境的能力。

（四）探究式学习模式

建构主义认为，在科学教育中，应该通过多种形式的活动来进行研究性学习。将科学探究置于科学教学的核心地位，正是科学教育的实质所在。引导学生进行探究性学习这一形式由来已久，美国教育家萨其曼、施瓦等人在20世纪50年代就对此作了详细的研究，并从多个方面论证了"探究活动"在教学中的重要作用。

探究式学习模式的核心在于让学生自主地去收集、整理数据，并且能够将这些数据总结归纳成一个科学的结论。这种模式的主要过程是：（1）寻找问题。教师首先设立教学目标，然后搜集丰富的、能够激发学生好奇心的资料，假设一个问题背景，提出相关研究领域，引导学生发现并提出问题。（2）数据收集与整理。教师要指导学生将注意力集中在要解决的关键问题上并展开研究。把已经识别出的问题作为依据，让学生一起讨论、阅读教科书、观察、实验等，来收集和整理与问题相关的信息资料。（3）提出假设。通过对数据的分析和整理，提出关于问题的假设，并且能够采取一些实验设计来验证这些假设。（4）总结。通过个体或群体的合作，完成项目讨论、调查、实验、验证等，最终对问题做出合理的说明，并得出结论。或者提出新的问题，重新设计实验，用不同的方式来组织数据、解释数据，再次进行探索。

探究式学习模式让学生像科学家一样，以科学发现和提出问题为基础，寻找方法解决问题。通过这种学习活动，充分激发学生的探索动机和好奇心，培养学生对于问题进行假设、实验、分析和总结的能力，进而由学生自主地构建知识体系。

（五）社会文化模式

英国科学界的专家奥斯本、孟克等人根据科学界的历史经验，结合建构主义的思想，提出了一种与科学界相结合的新型教学模式，被称为HPS（History，Philosophy and Sociology of science 的缩写），即在教学教育中加入与科学相关的历史学、哲学和科学社会学的相关内容，提升学生认识科学本质，培养学生的科学精神和创造力。这种模式并非简单地叠加某个学科的内容或者某一系列的知识，而是从历史、社会和哲学的视角将自然科学内容进行重新编排，其不仅体现了人文精神，还将学习放置于一个更大的社会和文化环境中。这为后来提出构建"大科学课程"奠定了基础。

若要实施这种"大科学课程"，就要把HPS融入科学教育中，也就是社会文化模式。这一模式的主要过程是：（1）根据理论展示一种现象。在一堂课的开始，老师会向学生展示一种自然的现象。学生透过观察到的现象，从中找出要解决的问题。这种现象一定是过去的科学家做过的一项理论研究，这样才会激发他们的好奇心和对科学历史的兴趣，产生深入探索的动力。比如，为什么植株的茎干是向光性的？（2）对现象进行讨论。老师可以让学生对这个自然现象发表自己的看法，鼓励学生们提出多种不同的观点。其间可以使用头脑风暴法等方法，让学生们各抒己见，标新立异。（3）阐述现象的历史来源。在此环节中，老师可采取以下措施。首先，引入前人对此现象的观点和事例，以此作为参考框架。其次，用实例阐述这一时期其他学者对此问题的看法。最后，通过探讨这些概念产生的背景和条件，让学生意识到科学知识的历史（时代）规约性。总之，历史的学习不但能激发学生的想象力，而且能让学生对过去的学科产生共鸣。（4）分小组设计实验。老师将学生分成小组，让学生从多个角度（或概念）中选择一个角度，设计实验进行测试。此环节亦可充分调动学生们的想象力与创造力。在这个过程中，应该让学生意识到对于同一种自然现象，可以有两种以上不同的解释。最后通过实验对上述理论（假说）进行验证。（5）介绍科学概念及实验方法。教师利用课本对于科学概念和实验方法做出介绍和解释，并提供给学生动手操作的机会，让他们在实验过程中通过对现象的观察和对数据的整理收集，发现自身的错误，加深对科学概念的理解，最终得出一个科学的结论。（6）归纳和评估。经过对科学的总结与评估，让学生对科学探究的实质有一个更加深入的了解。例如，从历史和哲学角度对科学家的探究过程和科学理念进行了解。

（六）概念转换教学模式

学生在学习一门课程以前，他们并不完全是一张白纸，而是在以往的生活和学习经历中，已经对于一些客观事物有了自己的观点和看法，这也一定程度上形成了他们个体之间独特的思维方式，而这种对于事物的看法通常被称为前概念或原始概念。这种概念很可能不够全面和深刻，甚至与科学概念对立，因此这种概念也会被叫作"错误概念"。

建构主义认为学习是学习者在以往的认知结构的基础上，在一定的社会文化环境中，主动对新信息进行加工处理，建构知识的意义（或知识表征）的过程。在建构主义思想的基础上，西方学者提出了概念转变学习模式，即让学生转变、发展和重建原有概念，形成一种科学的思维方式。

德赖弗以概念转换学习理论为依据，提出了一种建构主义的概念转换教学模式。这种模式的过程主要是：（1）提出问题。教师创设具体的探究性问题情境，引导学生进行自主探究性学习，让学生根据自己以往的经验来对问题进行分解。（2）概念知识引出。鼓励学生用他们自己的不充分的想法（错误概念）来说明问题，阐述其观点由来，使学生对该话题产生深刻印象。（3）概念知识重建。这一阶段是建构主义教学过程的核心部分，具体包含了三个方面。第一，明确与沟通。在小组中通过讨论、对比和总结旧概念的异同点,再与教师进行一定的意见交换和交流,寻找到其中的矛盾之处,进行修正、同化和适应。第二,建立新的概念。根据以上的论述,学生可以通过对比不同的现象、理论的解释和证明,从而形成新的概念。第三,评估。通过对实验结果的解读,或者通过自己的反思和探索,使学生能够发现新的概念的含义,并且认识到旧概念的缺陷。这个阶段可以通过试验、讨论、交换概念来发现和解决矛盾,建立新的概念,做出适当的评估。(4)运用新的概念。学生学习运用新的概念来处理新的问题,将新概念融会贯通。(5)反思概念的转变。让学生对比新的概念与原有概念,思考概念转换的原因和过程,进行一定的总结和归纳。

当前,建构主义教育在我国高校多学科的开发与应用方兴未艾,这对进一步完善实践性教学模式发挥了很大的作用。在未来,经过科学的规划和不断的改进,将使传统的教学模式和建构主义教学模式更加紧密地结合在一起,从而达到更高的培养目标。

第三节 新文科建设思路

新文科建设的总体思路应是强调学科交叉,鼓励新文科与其他学科的交叉与融合,建立跨学科研究团队,推动文科研究与自然科学、工程技术、社会科学等学科的互动,培养跨界创新能力;注重课程复合,重视对新文科领域基础知识的学习,提高学生的学科素养和批判性思维能力。倡导通才培养,加强学生语言、历史、哲学等方面的学习,注重学生素质能力提升和终身学习能力塑造,培养学生的实践能力和解决实际问题的能力。深化产教融合,不断鼓励学生在新文科领域进行独立思考和创新性研究,培养学生的创新意识和创新能力,面向学生的职业生涯发展,结合实际应用锻炼他们的可持续发展能力。重视课程思政,通过深入学习马克思主义和新时代中国特色社会主义思想,对新文科建设提供理论支撑和指导。新文科研究需要关注社会和人类问题,课程思政在新文科研究中对学生的思想道德与社会责任的规范起很大的作用。推进多科融合、跨学科发展，注重培养具有宽阔知识视野、扎实人文素养和创新能力的文科人才。

一、强调学科交叉

学科交叉是指在学术研究或教育中，不同学科领域之间相互融合和交流的过程。这个过程强调学科交叉意味着重视融合不同学科的知识和方法，以产生跨学科的创新和发现。强调学科交叉也是对现实问题的挑战，很多领域问题需要多学科的知识和视角来进行全面的理解和解决。例如，环境保护领域涉及的问题既有自然科学、工程技术方面的因素，也有社会科学、人文学科方面的因素，只有将这些学科进行交叉融合，才能制定出综合有效的政策和措施。学者们认为新文科是相对于传统文科而言的，是以全球新科技革命、新经济发展、中国特色社会主义新时代为背景，突破传统文科的思维模式，其核心要以"继承与创新、交叉与融合、协同与共享"为主要途径，促进多学科交叉与深度融合，推动传统文科的更新升级。强调学科交叉从以学科为导向转向以需求为导向，从专业分割转向交叉融合，从适应服务转向支撑引领。强调学科交叉与新文科建设之间的逻辑关系和重要性意义主要有以下几个方面。

（一）丰富学科内涵和推动学术发展

新文科相较于传统单一学科领域，它涉及社会科学、人文学科与科学技术等多个学科的交叉，学科交叉有助于推动学术研究的前沿和创新。跨学科的合作与交流，可以引入新的研究思想、方法和理论，促进学术领域的进步和发展。通过强调学科交叉，新文科可以更好地吸取其他学科的理论、方法和研究成果，丰富自身的学科内涵。例如，社会学、心理学和文化研究等学科的理论和方法，可以为新文科的研究提供重要的理论基础和分析工具。

（二）促进创新思维和创新能力的提升

强调学科交叉可以培养学生和研究者的创新能力，激发跨学科、跨领域的创新思维，促进不同学科、领域之间的知识融合。通过将不同领域的专业知识和技术结合起来，可以培养学生更加综合、全面地解决问题的能力。新文科往往需要综合运用不同学科、领域的知识和方法进行研究与思考。

（三）拓宽研究领域和解决复杂问题

新文科的建设需要跳出传统学科的边界，拓宽研究领域。学科交叉可以带来不同学科领域的交叉合作，拓宽研究领域和视野。许多现实世界的问题往往具有多个层面和复杂性，仅凭单一学科的知识和方法常常无法全面理解和解决。而学科交叉能够提供多角度的思考和分析，从而可以更好地理解问题的本质，并提出更有效的解决方案。通过与其他学科的合作，可以更好地解决新文科研究中的复杂问题，并发现新的研究方向和发展机会。

（四）适应社会发展并解决现实挑战

强调学科交叉可以使新文科更好地适应当今社会的发展需求。在信息时代和全球化背景下，社会问题和挑战常常具有复杂性和跨学科性。学科交叉可以帮助解决许多跨领域的现实挑战和问题，如环境保护、健康医疗、社会发展等。通过整合不同学科的知识和专业，构建解决社会问题的跨学科方案，可以更全面和综合的解决社会问题，推动社会进步和可持续发展。

强调学科交叉对于新文科的建设是必要的，可以丰富学科内涵、促进创新思维、拓宽研究领域，并适应社会发展需求。通过跨学科合作和融合，新文科可以在理论和实践中更好地掌握和应用多个学科的优势，为社会发展和人类文明进步提供更多的知识与智慧。

二、注重课程复合

随着科技的发展和社会的变化，对个人综合能力的需求越来越强烈，现代社会对人才的要求已经从单一学科的专业能力扩展到需要具备跨学科思维、整合知识和解决复杂问题的能力，越来越多的领域需要综合素养强、能够跨界合作的人才，这促使人们对课程进行创新和复合设计。在这样的背景下，课程复合应运而生，坚持课程复合是一种教育理念和实践方法，旨在通过融合多个学科的课程内容和教学方法，培养学生跨学科知识、技能和能力。通过多学科的课程设置和综合能力的培养，可以为新文科领域的发展提供坚实的基础和重要支持，为学生提供更广阔的发展空间和学习机会。坚持课程复合对于新文科建设来说是具有重要逻辑的，它可以融合学科知识，培养具备综合知识和能力、跨学科思维和学科交叉能力，以及终身学习和创新能力的学生。坚持课程复合不仅能够满足现代社会对人才的需求，而且能够促进学生全面发展和个人成长。坚持课程复合对新文科建设具有重要逻辑意义。

（一）融合学科知识

新文科的建设需要跨学科的知识和理论基础，通过课程复合，可以将不同学科的知识和内容融合在一起，形成综合性的学科知识体系。例如，将社会学、人类学和文化研究等学科的课程融合在一起，可以培养学生综合运用多个学科知识的能力，为新文科研究提供更全面的视角和方法。同时，课程复合也可以培养学生的跨学科思维和学科交叉能力，学生在学习过程中接触到不同学科的知识和方法之后，能够逐渐发展出跨学科的思维方式，能够将多个学科的视角和理论运用到实际问题中，这样的能力对于解决现实问题和创新发展至关重要。

（二）培养综合能力

课程复合可以帮助学生建立更全面、系统的知识结构，通过在不同学科之间建立联系和关联，学生可以更好地理解和掌握知识的互相关系，培养综合运用不同学科知识和方法的能力，并进行研究和思考。例如，通过将艺术与设计、社会科学和科学技术等学科的课程结合在一起，培养学生的创造性思维。新文科建设往往需要学生具备综合的分析能力和解决问题的能力，课程复合能够培养学生的批判性思维、问题解决能力和创新能力，使他们在面对复杂问题和未知挑战时能够分析问题并解决问题。

（三）强化实践应用

新文科建设需要理论与实践相结合。通过课程复合，可以将实践性的课程和项目融入学习中，使学生能够运用所学知识解决实际问题。例如，将实践性的社会调查和研究方法融入社会科学课程中，可以提高学生的实践能力和应用能力，为新文科的实践需求提供支持。通过多学科的课程设置，学生可以更好地适应不断变化的社会和职业需求。同时，培养学生持续学习的意识和能力，掌握专业领域的知识，拥有广泛的知识背景，以便积极应对未来工作和挑战。

（四）培养跨学科思维

在新文科建设中，课程复合的实施可以促进不同学科之间的交流与合作，培养学生跨学科思维、综合实践应用能力，以提高学生的就业竞争力。高校通过设计和实施跨学科课程，可以培养出具有综合素养和跨学科能力的新文科人才，以推动新文科建设和高校一流学科建设的发展壮大，不断推进新文科专业建设的发展转变。

三、倡导通才培养

我国高等教育自20世纪50年代以来深受苏联的影响，曾经强调按国民经济计划培养人才，以"专才教育"思想制定专业培养目标。当时所培养的人才，在计划经济体制下，以实用性为标准，在新中国成立初期对国家经济的恢复与发展起了很大的作用。但是，也因此致使本科专业的划分越来越细，人才培养的口径越来越窄。学生的基础理论知识不宽，文化修养不够，导致所培养的人才社会适应性较差。这些缺陷在科技现代化发展面前和计划经济向市场经济转轨中便充分暴露了出来，高等教育的教学体系、人才规格因此受到严峻挑战。然而，在新文科建设的背景下，倡导通才培养，有助于学生进行跨学科整合，培养综合思考能力、创造力和解决复杂问题的能力，并提供终身学习与适应的能力，进而推动新文科的发展和创新。倡导通才培养对于推动新文科建设有着十分重要的意义。

（一）满足多元化需求

现代社会对人才的需求日益多样化和复杂化，仅仅掌握某一个领域的知识和技能可能难以适应快速变化的社会环境。通才培养能够帮助学生具备宽广的知识和技能，具备适应不同领域工作和生活的能力，更好地适应社会的需求，同时又能有效地进行跨学科整合。新文科通常涉及多个学科领域的交叉与融合倡导通才培养，可以使学生具备广泛的学科背景和知识，能够综合运用不同学科的理论和方法进行研究和创作。这样可以拓宽新文科的研究领域和视野，促进学科间的融合和创新，满足新文科建设和人才培养多方面的需求。

（二）综合思维与创新能力

通才培养可以培养学生的综合思维和创新能力。通过接触和学习不同领域的知识和技能，学生可以拓宽思维，发展跨学科的思考能力，将多个领域的知识和方法融合运用到实际问题中，提供创新的解决方案。这种跨学科的思维和创造力对于新文科的研究和创作非常重要。

（三）全面发展个体素质

通才培养可以促进学生的全面发展和个体素质的提升，而不仅仅追求某一领域的专业能力。学生在多个领域的学习和实践中，可以不断锻炼和提升自己的综合能力、团队协作能力、社交能力、领导能力等。新文科通常涉及社会、文化、科技等复杂的问题，当他们具备上述这些能力后，就可以从多个角度分析问题，综合运用各学科的方法和理论，提供综合性的解决方案。这有助于新文科研究的深入和实践的创新，也对学生未来的职业发展和终身学习产生积极的影响。

（四）终身学习与适应能力

倡导通才培养可以提升学生的终身学习和适应能力。新文科的发展与变化较快，在多样化的学习和实践经历中，学生将面对各种挑战和机会，需要不断更新知识和能力，从而培养面对挑战的能力和创业精神。通过通才培养，学生持续学习的意识和能力得以增强，学生不仅可以掌握专业领域的知识，还能够拥有广泛的知识背景，以适应新文科领域以及社会的发展和变化，增强学生在职场上的竞争力，并有利于他们成为具有创新能力的创业者和领导者。

通过通才培养，可以强化新文科建设，培养学生全面发展，具备多领域的知识、技能和能力。同时，通才培养也能够满足现代社会对人才的需求，在培养创新人才，推动社会进步和发展的同时，引领学校新文科建设与发展。

四、深化产教融合

2019年1月，《国务院关于印发国家职业教育改革实施方案的通知》表明推进产教融合，推动教学链、人才培养链与产业链、技术创新链的有机连接，是促进人力资本供应侧结构化变革的紧迫需要，对新趋势下提升教育品质、扩大就业创业空间、促进经济转型升级、培育经济与社会发展新动力，有着重大意义。产教融合是一种新型办学模式，可以打通学校与企业的界限，将产业与传统教学联系起来，凝练产业与专业特色、聚合校企双方优势资源，形成校企双方共生、共赢的格局。高校开展农林经济管理专业教学活动，对于培养适合社会现代化发展的专业人才有着重要作用，其应从企业人才需求情况入手，对农林经济管理专业教学模式进行更新调整，协调校企合作模式与产教融合模式之间的关系，在遵循现代化教育所提出的创新创业教育理念的情况下，深化产教融合，借助产教融合教育模式来推进农林经济管理专业教学活动顺利开展，以此提高学生的专业能力和综合素质。根据以上建设思路，高校农林经济管理专业可以按照如下的发展方向进行探索和实践。

（一）结合现实问题与实践应用

做好现实问题导向工作，新文科研究通常关注的是一些社会、文化、艺术及传媒等领域的实际问题。然而，产业界的参与可以使新文科更紧密地与实际社会需求相结合，提高研究的实效性和现实意义，深化产教融合使教育与产业紧密对接，将实际问题引入教学和研究中，提供实践基础的案例、数据和资源。产业界提供实际的工作经验、现实问题和社会挑战，通过与教育界的合作，可以将这些实际情况纳入到日常教学中，让学生能够更接近真实的工作场景，培养学生的实践能力和解决问题的能力。

（二）兼顾就业与职业发展

深化产教融合能够根据产业界的需求，提供专业化的培训和职业发展机会，增加学生的就业竞争力。新文科模式下培养的学生通常面临社会经济、媒体文化等多个领域的就业和职业发展，深化产教融合可以引入产业界的专业经验和实践资源，提供课程实训、专业实习和顶岗实习等实践机会，帮助学生培养实际工作所需的能力和素养。通过产业界的参与，提供给学生就业指导和职业导向的学习模式，可以帮助学生更好地适应职业化发展和行业化需求。同时，产业界的参与也可以提供实时的行业信息、技能需求，教育界根据这些信息实时调整课程设置，使学生获得更符合就业市场需求的知识和技能。

（三）促进创新与科研合作

新文科研究需要鼓励创新思维和科研合作，深化产教融合可以促进学术界与产业界之间的合作与交流，共同开展基于实践的研究项目、探索新的理论和方法。产业界的参与可以为新文科的科研提供资源支持、实践基础和案例供给，同时促进学术界与产业界之间的知识交流与共享。产业界通常处于技术创新和市场竞争的前沿，教育界可以与产业界合作进行研发和创新项目，共同探索新技术、新产品和新业务模式。这种合作可以为学生提供实际的创新环境和机会，使他们能够更早地接触和参与创新活动。

(四)提高教育质量与可持续发展

深化产教融合有助于提高教育的质量,产业界的参与可以为教育机构提供实际案例、行业专家和资源支持,丰富教学内容和方法,提升教育的实效性和针对性。同时,这种合作也有助于教育机构的可持续发展,通过与产业界的紧密联系,可以增加学校的社会影响力和资源支持。

深化产教融合对于教育界和产业界都具有重要的意义,通过深化产教融合,新文科研究可以更加贴合实际问题和社会需求,提高研究的实效性;产业界和教育界的合作与交流,可以提高教育质量、培养应用型人才、促进创新与科研的发展,同时也能够为学生和教育机构带来更多的就业和发展机会。这种融合能够促进教育和产业之间建立紧密联系,推动社会的经济发展,提升人才培养与社会需求的契合度。

五、重视课程思政

2020年11月,教育部发布的《新文科建设宣言》指出,牢牢把握文科教育的价值导向性,坚持立德树人,全面推进高校课程思政建设。课程思政以立德树人为根本任务,对大学生思想价值塑造具有重要的引领作用,有利于坚持社会主义办学方向和育人功能。重视课程思政建设是高校落实立德树人根本任务的一项系统工程,关系到学校内部与外部的协同发展,既要推进学校内部各要素、各环节的建设发展,又要积极回应时代关切。新文科的提出彰显了高等教育对人文社会科学的高度重视,也为新时代高等教育的高质量发展指明了方向。学者认为高校课程思政建设必然要立足新文科背景,由单一的"课程思政"走向多维的"学科思政"。重视课程思政是教育系统对思想政治教育课程的高度重视和关注。课程思政对于高校教育系统和学生个人发展都具有重要的意义,它可以培养合格公民,促进全面发展人才的培养,培养创新精神和实践能力,推进终身教育的实现。重视课程思政对于新文科建设具有重要意义。

（一）理论支撑与学科建设

课程思政提供了马克思主义理论和中国特色社会主义道路的学习和思考，这对于新文科研究具有重要的理论支撑作用。新文科通常涉及社会、人文、艺术等领域的研究，在此背景下，充分理解和应用马克思主义理论和中国特色社会主义的核心观点，有助于构建新文科的研究范式和方法论。

（二）思想道德与社会责任

新文科研究需要关注社会和人类问题，强调学术的责任和社会的关怀。通过课程思政，学生可以接受相关伦理道德、法律法规等方面的教育，培养正确的价值观和社会责任感，这将促使新文科研究者在学术探索中注重社会影响和社会问题的解决，推动新文科研究的社会责任化。

（三）创新精神与思维能力

新文科研究需要创新精神和开放性的思维能力。课程思政注重培养学生的创新思维和独立思考能力，通过思考与思政相关的问题，学生能够锻炼自己的思维能力和判断能力，这将对新文科研究者在思维模式和研究方法上具有积极的启发作用。

（四）弘扬优秀文化与民族精神

新文科研究需要传承和弘扬优秀的文化传统和民族精神，课程思政可以提供相关的学习内容和案例，帮助学生更好地理解和传承民族文化，培养对传统文化和民族精神的情感认同和研究热情。这对于新文科研究者在文化领域的深入探索和研究具有积极的推动作用。

结合学者的研究和对现实问题的探索可以发现，推进课程思政建设，解决专业教育与思政教育问题，也需要融合创新思维并重视"思政"与"课程"的融合。通过重视课程思政，可以为新文科的学科建设提供理论支撑、强调思想道德和社会责任、培养创新思维和思维能力，并弘扬优秀文化和民族精神。这将有助于新文科研究深入发展，为社会经济发展和人类文明进步做出更大贡献。

第三章

农林经济管理"三链融合"新文科建设模式

第三章
农林经济管理"三链融合"新文科建设模式

第一节　全人教育理念视角下的"三链融合"新文科建设思路

当今世界处于百年未有之大变局之中，应对新变化、解决复杂现实问题亟须学科专业的知识整合与能力复合。新时代呼唤新文科，要求打破学科专业壁垒，推动文科专业之间深度融通、文科与理工农医的交叉融合，并迫切需要现代信息技术为文科教育赋能。文科占学科门类的三分之二，占专业种类和在校学生数的半壁江山。2020年，《新文科建设宣言》发布，标志我国新文科建设进入新阶段。《新文科建设宣言》着力推动文科教育创新发展，提出强化价值引领、促进专业优化、夯实课程体系、推动模式创新、打造质量文化等任务目标，构建世界水平、中国特色的文科人才培养体系。我国正处于实施乡村振兴战略和建设生态文明的关键时期，亟须懂农业、爱农村、爱农民、政治过硬、本领过硬、作风过硬（以下简称"一懂两爱三过硬"）的现代农林经济管理复合型人才。农林经济管理专业承担着为生态文明建设和乡村振兴等国家战略育人育才的重大使命，必须有效承载新文科建设的任务目标，有责任诠释好中国农业农村现代化的建设故事。

全人教育是一种致力于实现学生全面发展的教育理念，旨在使学生在智力、意志、情感、社会性、创造性等各方面得到均衡发展。新文科之"新"在于创新，旨在打破不同专业学生的专业壁垒，进行跨学科交叉学习，尤其是文科与新科技革命的融合。新文科建设的根本是强调优化课程体系，培养复合型人才。新文科建设所倡导的以家国情怀强化价值引领，加强学科间交叉融合，注重基础，重视通识教育，提升复合能力等要求，均契合全人教育理念。全人教育注重培养学生的个性化和全面发展，强调潜移默化地增强学生的价值引领和精神塑造，这与新文科建设中的通才培养和课程思政理念不谋而合。全人教育认为通过恰当方法，比如知识的跨学科融合、人文与科学交叉等方法，可以使人成为"全人"。该理念符合新文科建设的学科交叉与课程复合特征。全人教育理念注重培养学以"智用"的学生，与新文科建设提出的产教融合相契合。通过产教融合的方式，强化校内协作、校企协同，给学生提供更优质的实践空间。所以，全人教育与新文科建设理念是相互贯通与融合的，可以实现同频共振。即全人教育所倡导的智力、意志、情感、社会性、创造性等要素，与文科特征内涵属性的学科交叉、课程复合、通才培养、产教融合、课程思政等是相互关联、相互支撑的，目标都是实现学生的综合素质和复合能力的培养。

一、"三链融合"农林经济管理新文科建设

在全人教育理念视角下，农林经济管理专业需要构建起专业特色鲜明的价值链、知识链、实践链"三链融合"新文科建设模式（如图3-1所示）。依据"三链融合"模式，新文科建设应该加强专业认知，在认识实践中提升适应"三农"事业要求的渊博雅正品格；强化通识教育，在跨学科实践中浸润知农爱农素养；深化专业知识，在专业实践中厚植"三农"情怀；探究前沿知识，在创新实践中摸索中国新范式，诠释大国"三农"思想。

（一）通识知识—渊博雅正—认识实践的融合

渊博雅正强调个人素质的全面发展，在探索宽口径、厚基础的新文科人才培养的基础上，整合校内外、院内外资源，进一步促进文文、文理等学科交叉融合与协同育人，以使学生掌握多学科知识内容，强化内涵培养。同时，通过跨学科协作，致力于培养具有国际视野的优秀人才，提升学生创新意识、团队协作能力和合作精神，养成谦和踏实的作风。通识知识不是简单的入学教育，而是贯穿大学生活的整个过程，是一个由浅入深的品格形成过程。伴随着通识教育培养、学科基础知识和专业知识学习，学生对农

第三章
农林经济管理"三链融合"新文科建设模式

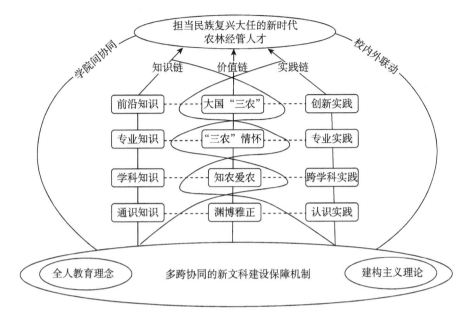

图 3-1 农林经济管理"三链融合"新文科建设模式

业、农村、农民的认识逐渐清晰和深刻,并积极参与农业调研、农村服务和农村实践,走进农村、关爱村民,在鲜活的认知实践中感悟农业、体验农村、理解农民,从而使大学生成为德智体美劳全面发展的新型农业人才。在此过程中,学生的人生观、价值观和个人修养得以逐渐养成,在理论熏陶和实践浸润中成长为知识渊博、气质优雅、一身正气的新农人。

通识知识、渊博雅正和认识实践是统一在一起的整体,不可分割。通过加强专业认知和沉浸式认知实践,让大学生充分了解专业的内涵,了解乡村振兴对国家社会发展的重大意义,形成服务"三农"的意识和品质。

(二)学科知识—知农爱农—跨学科实践的融合

在内容上,全人教育应重视通识教育、跨学科交叉融合培养人才,强调"经验"的重要性,将学术同生活建立起紧密的联系,真正达到学以致用。在农林经济管理专业的新文科建设中,也需要注重通识教育,强调对"三农"的全面理解和立体认知。宽口径、厚基础的知识学习,必须与跨学科实践相结合,才能够多角度理解"三农"问题的复杂性,培养解决问题的综合能力；才能跳出专业看"三农"，真正知农村、懂农业、爱农民。在多种知识、多项能力的加持下，才能够从系统角度出发，发现"三农"的关键点和薄弱点，做到想农民之所想，急农民之所急。

所以，培养学生跨学科协作的能力，在跨学科实践中深化基础知识，实际就是锻造学生知农、爱农的意识与情怀，激发学生学好学科基础知识，特别是跨学科知识的内生动力。

（三）专业知识—"三农"情怀—专业实践的融合

农林经济管理专业要求学生具备扎实的专业知识和实践能力，在强烈的"三农"情怀的感召下从容应对复杂的农业生产、管理和市场挑战。"三农"情怀是"三农"价值的认知理念、文化自信和跨文化素养有机结合的产物。在新时代背景下，"三农"情怀聚焦于乡村振兴、农业农村现代化，要求学生具备精益求精的工匠精神、干在实处的埋头苦干精神、勇立潮头的创新精神。大学生在学校需掌握专业方面的基本知识和专业技能，并在全面系统了解"三农"的基础上，对我国农业、农村中出现的经营管理问题有专业、深入的认识和把握，具备利用专业知识来解决实际问题的能力，成为农村社会发展所需的经营管理人才。通过专业知识的学习与实践，养成对于"三农"问题的自发行动，利用专业的视角、思维和眼光，随时发现和解决"三农"的真问题，这就是"三农"情怀。反过来，具备了"三农"情怀，大学生也就有了学好专业知识，扎实进行专业实践的勇气、信心和动力。

"三农"情怀激发精神动力，养成优秀价值观，专业知识为人才培养提供了专业理论基础，专业实践则将专业知识和实际问题进行有机结合，让学生在具体实践中得到真正的锻炼和提升。

（四）前沿知识—大国"三农"—创新实践的融合

新文科建设的服务对象是中国社会，在这个层面上，新文科必须更好地构筑中国价值与中国精神，夯实道路自信、理论自信、制度自信、文化自信，真正提升中国文化的影响力与塑造力。从实践环节看，新文科人才培养重视人才的全面发展，注重在掌握专业技能的基础上了解学科前沿、热点,强调吸纳新知识、整合创新能力,以及善于发现、理解、掌握新事物和新规律的能力,旨在培养具有创新精神和创业能力的高素质应用型人才,以适应国家战略发展需求和科技创新发展需要。从教学环节看,新文科建设在教学上要突出中国文化价值,弘扬"三农"精神,形成立足中国实践的中国特色新模式、新范式。中国的农业农村现代化不仅具有国际普遍性的内容,还蕴含中国的特殊规律,在理论上和实践上都是一个不断探索的过程,我们必须有"干在实处、走在前列、勇立潮头"的精神勇气,立足"大国小农"的国情,探寻中国式的农业农村现代化模式,坚定"三农"发展道路自信、理论自信,为世界做出应有的贡献。

在新文科建设中,前沿知识、大国"三农"和创新实践相辅相成,三者相互交融,充分体现科研、教学、育人的三位一体关系。只有把三者融会贯通,才能培养出掌握前沿知识、彰显中国范式和具备创新实践能力的优秀人才,为农业农村现代化建设提供强有力的支撑。

农林经济管理专业旨在培养担当民族复兴大任的新时代农林经济管理人才。构建融为一体的价值链、知识链和实践链对新文科人才培养至关重要,必须通过价值塑造、知识传授和实践锻炼的协调,把立德与树人结合起来,培养学生的跨学科素养,提升学生创新思维和解决现实问题的能力。

第二节　农林经济管理专业的价值链

按照立德树人的要求,农林经济管理专业应该构建一条以"渊博雅正—知农爱农—'三农'情怀—大国'三农'"为主线的具有学科特色的价值链,充分挖掘课程思政教育元素,强化全过程育人功能。

一、渊博雅正的塑造

渊博雅正即为知识渊博、气质优雅、踏实中正,是对学生个人修养和素质的要求，是对一个人在农业领域内知识素养和道德品质的综合要求。在新文科建设中，开阔学术视野、深化学科思维、扎牢基础知识是人才培养的重点。渊博雅正要求学生具备充足的知识积累、优雅的人格修养以及踏实的品格，它在培养新文科人才中具有极其重要的作用。高校应着重强调道德教育，引导学生培养正确的价值观，使学生成为品德高尚、知识渊博的新文科人才。

渊博雅正要求学生具备充足的知识储备，这有助于培养学生的综合素质和学习能力。在农林经济管理领域，学生需要掌握经济学、管理学等多个学科的知识，以便更好地解决农村经济发展问题。学生通过广泛阅读经典著作和文献、参与学术研究、参加学术会议等途径，逐步构建起丰富的知识体系。优雅的人格修养是渊博雅正的重要方面，这要求学生在知识储备充足的基础上，还要具备良好的道德情操和人际交往能力。在生活和实践中，学生应关心农民利益、维护农村邻里和谐，通过参与志愿服务、社会实践等活动，学生可以逐步培养自己的道德情操，形成优雅的人格魅力。踏实中正的品格是渊博雅正的重要部分，学生应具备坚韧的意志品质、诚实守信的作风，以及对真善美的价值追求。在农村经济管理实践中，学生可能面临各种挑战和困难，需要具备克服困难的决心和信心，可以通过锻炼身心、克服困难、坚持实践等途径，逐渐塑造出踏实中正的品格。渊博雅正要求学生不仅要具备知识积累，还要具备学术思辨和创新能力。在解决复杂的农村经济问题时，学生应该能够从多个角度思考，提出创新性的解决方案。通过参与学术研究、开展课题研究等活动，学生可以逐渐培养自己的学术思维和创新能力。

在农业领域，渊博的知识和雅正的品德是相辅相成的。只有具备足够的知识，才能更好地理解农业生产的规律和特点，才能更有效地解决农业生产中的问题。同时，只有具备高尚的道德品质，才能更好地与农民和社会各界合作，才能更公正地处理农业领域内的各种矛盾和问题。因此，"渊博雅正"这一意境，是农业人才的基本素质之一。通过广博的知识储备、优雅的人格修养、踏实中正的品格以及学术思辨与创新能力的培养，学生将塑造为一个知识、素质、能力和价值全面发展的新文科人才，在将来的工作中保持本真与朴实，善于同农民打交道，勇于担当历史使命，引领农业农村现代化。

二、知农爱农的涵养

知农爱农是农林经济管理专业学生的特质，是对一个人在农业领域内情感认同和责任意识的体现。农林经济管理专业的学生应该通过专业知识的系统学习，深入了解农村、农业和农民，知道农业为"国之大事"和"农为邦本"的道理，将家国情怀具象化为对农业、农村与农民的热爱和理解。知农才能爱农，爱农才能真正为农，所以学习"三农"基本知识、体察"三农"和了解农耕文明是农林经济管理专业学生的头等大事。

在农业领域，知农爱农的情感认同和责任意识至关重要。只有真正了解农民的需求和期望，才能更好地为他们提供服务和支持。同样，只有真正热爱农业生产和农民生活，才能更好地投入到农业领域的工作中去。培养知农爱农型人才，需要对人才培养的目标和观念进行更新，将新文科建设作为统领，与中国式现代化的人才需要相匹配，要更加注重家国情怀、学科交叉、创新实践能力、生态文明理念的融入，并要更好地将人才成长所需要的各种要素进行协调。进一步深化教育体制和机制，加速教育的数字化转型，健全质量保证机制，优化教育生态环境，使青年深刻体会重农、爱农、兴农的浓厚情怀。

三、"三农"情怀的锤炼

"三农"情怀是对农民、农村和农业工作的热爱，是发自内心的由衷情感，由无数个自愿投身于乡村振兴发展的优秀人才的精神凝聚而成。在农林经济管理专业的教学过程中，必须将乡村振兴、"两山"理念、生态文明和共同富裕等思政元素有机融进教材、课堂、头脑，提高学生思想觉悟，让学生有机会了解农村、体悟农民、感恩土地，培养真正懂农业、爱农村、爱农民，致力于服务乡村振兴战略和生态文明建设的农林经济管理人才。

"三农"情怀不仅需要从知识上了解，还需要通过实际体验和亲身参与来培养。通过在课程中引入"三农"元素，将乡村振兴、生态文明、共同富裕等思政元素有机融入课程，引导学生从理论上认识"三农"问题。"三农"情怀培养学生关注农村、农业和农民，引导他们树立社会责任感和使命感。这种情感使学生意识到自己作为未来的管理者和决策者，有责任为农村振兴作出贡献，推动农村经济的可持续发展。培养"三农"情怀能够提升学生的人格修养，使他们具备更高的道德标准和价值观念。"三农"情怀的培养不仅关乎情感，还涉及知识和技能，在实践中锻炼学生的判断力、决策力和团队合作能力，从而为他们未来从事农林经济管理工作提供更强的职业能力。培养"三农"情怀有助于形成积极向上的价值观。这种价值观不仅影响着学生的个人行为，还会通过他们的影响力传递给更多的人，从而激励他人也参与到农村振兴的行动中。"三农"情怀能够激发学生创新思维。为了解决农村问题，学生需要思考新的方法和策略，来推动农村发展。这种创新思维将帮助他们在实践中找到更好的解决方案，也为他们创造更多的实践机会。

通过培养"三农"情怀，学生能够与农村社会建立情感认同，这种情感认同可以促使学生更多地参与到农村社区的活动中，与农民建立起密切的联系。

四、大国"三农"的自信

随着科学技术的飞速发展和信息化交流日益频繁，传统文科教育受到不小的冲击和挑战。农林经济管理专业作为管理学的一个分支学科，在学科建设过程中应当持有清晰的中国研究范式，要培养中国立场的时代新人，要坚信中国价值，强调大国"三农"价值引领，关注中国"三农"问题，研究中国特定国情，弄清楚"中国人的饭碗任何时候都要牢牢端在自己手中，饭碗主要装中国粮"的道理。无论是构建"双循环"格局，还是推进高质量发展，"三农"都是主战场。应该使同学们系统理解为什么通过释放农村消费市场活力，畅通城乡经济循环，可以增强国内大循环的内生动力和可靠性，加快形成新发展格局，有效应对世界百年未有之大变局。同时，在国际上讲好中国农业农村现代化故事，塑造好中国形象，传播好中国价值。

大国"三农"的自信要求培养出的学生不仅对国家发展有信心，更对中国农业农村现代化充满信心。这种自信来自对中国特色社会主义道路的理解，以及对中国"三农"问题的关注和探索。首先，大国"三农"的自信先体现在文化认同上。对农林经济管理专业而言，在课程教学中应强调中国农村文化的独特性和价值，让学生通过了解中国的农耕文化、农村传统和农民智慧，建立起对中国文化的自豪感和自信心，从而更好地传承和弘扬中华民族的优秀传统文化。其次，大国"三农"的自信体现在学科知识的深度上。在价值链的构建中，学生通过学习农业、农村和农民方面的知识，了解中国农业现代化和农村振兴的路径与策略。这种知识深度不仅增强了学生的专业素养，还增加了他们对中国农业发展的信心和自信。再次，大国"三农"的自信体现在学生的实践成果中。通过参与各种实践活动，学生可以将所学知识应用于解决实际问题之中，从而培养出在农林经济管理领域的专业自信。这种实践成果的积累将进一步巩固学生在农业和农村问题上的自信心。最后，大国"三农"的自信表现在对国家发展战略的认同与支持上。培养农林经济管理专业学生对大国"三农"的认同感，可以使他们更加理解国家实施的乡村振兴战略和农业现代化路径。这种理解将激发学生为国家的农村振兴和农业发展贡献自己的力量，充满责任感和自信心。大国"三农"的自信还体现在国际影响力的扩展上。农林经济管理专业的学生通过学习和实践，不仅了解中国的农业振兴，还能够将这些经验与其他国家的农业发展相比较，形成比较优势。

渊博雅正—知农爱农—"三农"情怀—大国"三农"是一个内涵层级递进的链条结构，它们之间存在着紧密的联动。这一内涵逐步深入的价值链是对一个人在农业领域内的修养、情感、责任和价值观的完整表述。只有具备这些基本素质，才能更好地为农业、农村和农民服务，才能更好地推动农业和农村的发展。渊博雅正是对人才素质的要求，这是基于"三农"工作需要对于人才培养的要求。只有具备"渊博雅正"的人才，才能更好地服务于农村、服务于农民，推动乡村振兴事业的发展。知农爱农是渊博雅正的延伸，它要求人才不仅要有适应农业、农村、现代化发展要求的素养，更要了解"三农"，进而热爱农事，关心农民。"三农"情怀是对于农业、农村、农民怀有深厚的情感，具有社会层面的内涵，是基于知农爱农的自发认同，是扎根农业、真心为农的重要基础。大国"三农"是指中国特有的农耕文化和发展模式，集中体现为农业、农村、农民发展的中国范式。它是农林经济管理领域精神追求的最高境界。大国"三农"要求人们在实践中坚持中国特色社会主义道路，强调中国立场、中国气派的国际影响和传播。因此，只有通过不断地深化渊博雅正、知农爱农和"三农"情怀的培育，才能更好地理解和践行大国"三农"思维，形成中国范式，实现中华民族伟大复兴。

第三节 农林经济管理专业的知识链

党的二十大报告提出要全面推进乡村振兴，强调"建设宜居宜业和美乡村"，未来乡村将朝着生态化、产业化、数字化、一体化方向发展。乡村要全面振兴，既需要具有综合素质的领军创新人才，又需要具备复合能力的实践管理人才。农林经济管理专业作为乡村全面振兴人才供给的重要力量，需按照新文科建设要求培养懂技术、会经营、能动手的交叉复合型创新人才。农林经济管理专业需要依据农业全产业链发展要求，以"通识知识—学科知识—专业知识—前沿知识"为主线构建一条具有农林经济管理学科特色的知识链，更好服务于乡村振兴战略。

一、通识知识

通识知识注重问题导向，构建学科交叉型理论知识，在专业之外理解专业特点。专业认知不局限于入学之初，而是贯穿大学全过程，用持续地学习新知识和指导新实践来巩固内容，守正创新。通识教育课程有助于提高学生的辨别能力，开阔视野，提升人文修养和道德素质。学校必须重视通识教育，让学生拥有扎实的基础，以便更容易学习专业知识。同时，对教学组织进行改革，提高教师队伍的跨专业交叉能力，并以学校、企业、学生等为支线，开展校企合作、科教融合，实现协同创新。

农林经济管理专业的学生必须深度贴近"三农"问题，所以，新生在入学之初就需要有一定的专业认知，初步接触本专业的基本概念，深入了解专业相关的中国史，以培养学生知农爱农的精神。教师要通过学科专业导论课程，充分介绍农林经济管理学科专业前景，让学生在大学生涯的早期就可以形成自己的职业规划和学习计划，激发学生的学习兴趣。专业导论课程应该全面介绍农林经济管理专业的历史、现状、发展趋势，帮助学生了解这一领域的核心概念和重要任务。通过课程学习，学生能够建立起对农村经济的初步认知。实地考察、实习和实训是学生认识农林经济管理领域的重要途径。经过亲身体验，学生可以更好地理解农村经济的实际情况，从而更深入地认识专业领域。学科专业认知是知识链的起点，它为学生奠定了学科基础，使其能够理解农林经济管理领域的基本概念、原理和方法。通过学科导论、基础课程等，学生初步认识了农林经济管理领域的范畴，为后续知识的学习和深化提供了基础。学科专业认知有助于学生形成明确的职业规划。在了解农林经济管理专业的前景和特点后，学生可以更好地规划自己的学习和发展方向。他们可以根据自身兴趣和优势，选择适合的专业方向，从而更有针对性地深入学习相关知识。通过学科通识知识，学生可以了解到农林经济管理领域的重要性和挑战性。这有助于激发学生的学习兴趣，使他们愿意更深入地学习相关知识。了解领域的前沿动态和热点问题，可以让学生更加热衷于跟进学科的发展和变化。学科专业认知为学生构建知识体系提供了框架。在初步了解农林经济管理领域后，学生可以逐步将所学知识系统化，形成层次清晰、相互关联的知识结构。这种体系化的知识结构有助于学生更好地理解和应用所学知识。学科通识知识为后续的多学科交叉提供了基础。农林经济管理领域常常需要与经济学、生态学、社会学等多学科进行交叉研究，而学科通识知识使学生能够更好地理解和融合不同领域的知识，从而在多学科研究中具备更强的能力。

二、学科知识

通过学习学科基础知识，强调宽口径培养，可以提升学生的综合素质和适应能力。

新文科人才需要在广泛的知识领域中有所涉猎，以便能够更全面地理解和解决农村经济领域的问题。为此，学校应该注重培养学生的学科基础知识，以拓展他们的学科视野。通识教育是培养学生综合素质和跨学科思维的重要途径。在新文科这一新背景下，文科的通识课程需要进一步拓展创新。把大数据等符合时代潮流的热点融入课程内容，既丰富了课程内容又避免过于宽泛，拔高课程内涵而又不"冷"，在学习基础知识的同时让学生意识到学科内容的交叉性和先进性。也可以通过学习其他领域的知识，让学生更好地将多学科知识融合于农村经济管理实践中。在课程中引入多领域的实际案例，让学生从不同角度思考问题，培养解决复杂问题的能力。通过案例分析，学生能够更好地理解多学科知识的应用。多学科基础知识涵盖了不同领域的核心概念和理论，它不仅拓宽了学生的视野，还提升了他们的综合素质。这些知识使学生能够多维度地理解农林经济管理问题，有助于他们在实践中做出更全面的决策。多学科基础知识培养了学生的跨学科思维能力。在处理实际问题时，学生可以借鉴其他领域的理念和方法，产生创新思路。这有助于他们找到更有效的解决方案，推动知识的创新和应用。多学科基础知识使学生能够运用不同领域的知识来解释问题，从而更全面地理解问题的本质，提供更有效的解决方案。多学科基础知识为学生在跨学科研究中提供了优势，而且学科基础知识使学生能够更好地进行跨学科合作，实现知识的融合和创新。多学科基础知识为学生提供了丰富的问题解决工具。他们可以根据问题的性质，选择合适的知识和方法进行分析和解决，从而提高解决问题的效率和准确性。

三、专业知识

专业课程是学生在学习过程中的重点和难点，重构其内容也应如基础知识体系一样顺应时代潮流，具有时代性，匹配现代教学技术的更新换代，不断创新学科教学方式，同时增设与专业相关的数字化课程、大数据课程等。通过实践来实现知识的共享，增加学生进行交叉学科知识学习的可能性。

按照新文科建设理念，专业知识要注重多学科交叉，遵循农业全产业链思想，推进"文＋农""文＋工""文＋文"等学科交叉融合，为此需要开设系列反映跨学科融合的新课程，并升级原有课程。高校要积极推进各学院、各平台在资源配置、人才引进等方面拥有更多自主权，以此推动学院和各平台之间的资源共享、人员互聘、成果互认，鼓励学院、各平台与学校之间的学术交流与合作，充分利用学校和社会各类研究机构的优势和成果，促进文科学术交流与研究，进一步深化学科知识的交叉性。在院系学科专业原始内容的基础上，对专业进行整合重组，打破院系学科壁垒，使得不同学科专业之间的选修课和专业课可以相互转化、融通。

跨学科专业知识的培养旨在让新文科人才能够在不同领域间进行融合创新，解决涉及多个领域的实际问题。学校应该通过设计跨学科课程、组织团队项目合作等方式来培养学生的跨学科专业知识。学校可以设计跨学科课程，将农林经济管理与其他学科的内容进行融合。跨学科的团队项目合作能够让学生在解决实际问题中应用多学科知识。通过与来自不同学科背景的同学合作，学生能够更好地融合不同领域的专业知识。学校可以设立跨学科导师团队，由不同领域的教师共同指导学生。这有助于学生在专业知识交叉的情况下更好地进行学术研究和实践。跨学科专业知识使学生能够深入了解不同领域的核心概念、理论和方法。通过学习其他学科的知识，学生可以更全面地理解农林经济管理问题，并从多个角度思考问题，提供更富有洞察力的分析和解决方案。农林经济管理领域的问题通常是复杂的，涉及多个层面和因素。借助跨学科专业知识，学生能够将不同领域的知识融合应用，从而更好地解决综合性问题。跨学科专业知识培养了学生的跨学科思维能力，这种创新思维能力有助于他们在农林经济管理领域中找到独特的发展方向。跨学科专业知识使学生能够更好地与其他领域的专业人士合作，能够理解和尊重不同领域的观点，促进跨领域的合作和交流，实现知识的跨界融合。跨学科专业知识为学生提供了创新的机会，通过将其他领域的新理念、新方法引入农林经济管理领域，可以为解决现有问题提供新的思路和方法，推动领域的创新发展。

四、前沿知识

在学好基础知识与专业知识的基础之上，进行前沿知识教学，有助于拓宽学生视野、培养创新思维。前沿知识是指那些具有高度前瞻性、深度创新性、重要意义和挑战性的知识和技术领域。乡村全面振兴和中国式农业农村现代化是两个高阶性、创新性、挑战难度大的新知识探索领域。对于这些领域的研究和实践，需要跨学科的视野和方法，同时需要积极拥抱新技术和新思维。教师需要通过引入这些学科前沿知识，结合自己的最新科研成果，灵活运用现代信息技术手段，培养学生的创新意识、探索精神和思辨能力。

学科教育通常更注重理论知识的指导与学习，较少具体指导学生未来的发展规划和毕业去向。因此，学校应时刻关注社会热点话题，充分了解学生的专业特色，与适配企业相衔接，通过企业预设岗位来设置相应的前沿课程。在新文科背景下，让学生知晓学科前沿动态和趋势的最优方法是大力开展前沿讲座，让有意向参与学术研究的学生能够接触更多优质讲座；同时，可以利用网络平台开展线上讲座，给学生提供更广阔的平台和更优质的资源。在实验室中开展前沿技术的实践，让学生亲身体验并掌握最新的研究方法和工具。实验室实践不仅可以培养学生的实际操作能力，还能够让他们更深入地理解前沿知识。

鼓励学生参与学术研究，培养他们的创新思维和独立研究能力。学校可以设立科研基地，为学生提供进行前沿研究的机会和平台。前沿知识涵盖了最新的领域发展趋势、研究成果和创新理念。学生通过学习这些知识，不仅能够紧跟行业的最新动态，还能够丰富和完善知识体系，保持在农林经济管理领域的竞争力。前沿知识涵盖了多个领域的交叉内容，学生通过学习这些知识能够拓展自己的学科视野。他们不再局限于单一的领域，能够更全面地理解问题，提供更有深度的分析和解决方案。

前沿知识通常涉及领域的前沿和挑战，学生通过学习这些知识能够培养创新思维。他们被鼓励思考如何应对未知的问题和挑战，寻找新的解决方案，从而在农林经济管理领域中实现创新。前沿知识往往涉及复杂的问题和现实挑战，学生通过学习这些知识能够提升解决复杂问题的能力。他们可以从多个角度审视问题，综合运用各种知识和方法，提供更全面、准确的解决方案。前沿知识涉及多个学科的内容，学生通过学习这些知识能够促进学科之间的融合。他们能够将不同学科的知识融合应用，实现学科的跨界交叉，为解决问题提供更综合的视角和方法。

"通识知识—学科知识—专业知识—前沿知识"是一种阶梯递进的链条结构，这个知识链条尊重知识的内在逻辑，体现全人教育思想。通识知识是对于专业领域的认知和基本理解，这是建立后续知识体系的基础，需要通过学习和实践不断积累和巩固。学科知识的学习是在专业认知的基础上，对该领域的基础理论、基本原理、基本技能等方面的掌握。这一阶段需要建立宽口径的知识体系，以保证在后续学习中具有足够的广度和深度。而前沿知识是在专业知识的基础上，进一步深入研究和掌握该领域的新知识和新技能，注重对新事物的探索和创新，不断更新自身的知识和思维方式，以适应不断变化的环境和需求。综合而言，通过学科专业认知、多学科基础知识、跨学科专业知识以及综合性前沿知识的培养，学校可以培养出具备广阔知识视野、跨领域思维和创新能力的优秀新文科人才，为农村经济管理领域的发展注入新的活力和动力。这一链条的构建，将使新文科人才能够更好地应对知识变革的挑战，更有效地推动农村经济的创新发展。

第四节　农林经济管理专业的实践链

培养高素质新文科人才，实践能力培养环节必不可少。农林经济管理应遵循"认知实践—跨学科实践—专业实践—创新实践"的逻辑主线，构建具有农林经济管理学科特色的实践链条，整合实践任务，通过课内实验与课外实践联动形成阶梯递进式实践育人体系。

一、多视角认知实践

认知实践是培养学生解决复杂问题的基础，通过沉浸式学习，消化理解专业认知，增强体验和感悟。多视角认知实践旨在培养学生从不同角度思考问题、分析情况的能力。通过让学生站在农村经济管理领域各个参与者角色的角度来思考问题，可以更全面地理解问题的本质和解决途径。

从学科视角看，认知实践是将不同学科的知识体系和方法论应用于问题解决的过程。农林经济管理专业涉及经济学、管理学、农学等多个学科，通过学科交叉，学生可以更全面地认识农村经济管理的复杂性。学生能通过经济学视角分析农村产业结构，采用管理学方法解决农村组织与管理问题，从农业学视角考察生态农业发展等，这些都有助于培养学生的综合学科思维。

从社会视角看，认知实践是将社会各界的观点和需求纳入到问题分析中。农林经济管理专业的学生需要了解农村社会结构、农民生活状态、乡村发展需求等。通过与农村居民互动交流、实地考察等方式，学生可以更真实地感知问题，为问题解决提供更具体的社会背景。

从跨文化视角看，认知实践是将不同文化背景下的观点和经验融入问题探讨中。农村经济管理可能涉及到不同地区、不同国家的情况，学生需要关注不同文化背景下的经济模式、管理方式等差异。通过与国际同行交流、学习跨国案例等，学生可以拓宽自己的国际视野，为农村经济管理提供更广阔的思考角度。

从生态视角看，认知实践是将生态环境因素融入问题研究中。农村经济管理需要考虑农业发展与生态环境保护的平衡，学生需要了解生态系统的运行原理、生态恢复技术等。通过参与生态保护项目、研究生态农业模式等，学生可以更好地理解生态与经济的关系，培养生态意识。

从跨学科视角看，认知实践是将多个学科的视角有机结合，形成更全面的问题认识。农村经济管理问题常常是综合性问题，需要综合运用多学科知识进行分析，学生可以通过参与跨学科团队项目、学科交叉讨论等，培养跨学科思维和合作能力，提升问题解决能力。

二、高阶性专业实践

专业实践是在跨学科实践的基础上进一步深化学生的专业动手能力。在实习、实训活动中，学生需要将所学知识转化为实际应用能力，根据具体情况制定科学的决策和管理方案，运用专业知识和技能，实现经济、社会、环保等方面的协调发展。

高阶性专业实践要求学生在实际操作中运用更深入、更专业的知识和技能。通过高阶性专业实践，学生可以提升自己的实际操作能力，为农村经济管理领域的发展提供有力支持。学生可以选择一个具体的农村经济问题，进行实地调研和数据收集，然后运用专业知识进行深入分析，提出解决方案。在课程中设置实际经营模拟环节，让学生亲身体验农村经济运作的各个环节，锻炼他们的实际经营能力。高阶性专业实践要求学生能够深入挖掘问题的本质，理解问题的各个方面以及其在更大背景下的影响。这要求学生在研究农村发展问题时，不仅需要了解经济因素，还需要考虑社会、环境、政策等多个因素的综合影响。高阶实践需要学生紧跟领域的前沿知识，并能够将这些知识应用到实际问题中。学生可以通过调研、实地考察等方式获取最新信息，然后运用创新思维解决实际难题。高阶的专业实践要求学生能够进行综合性分析，将各种信息和数据综合考虑，形成全面的认识。在制定决策时，需要权衡各种因素，做出综合性的决策，以达到最优解。高阶实践鼓励学生独立思考，对问题提出自己的见解和观点。同时，他们也需要培养领导能力，能够在团队中带领成员共同解决问题，推动项目的实施。高阶实践要求学生能够将学到的理论知识与实际问题相结合。他们需要能够将抽象的理论转化为具体的实践方案，从而解决实际的困难和挑战。在高阶实践中，学生可能需要涉足不同学科领域，甚至与其他领域的专业人士合作。这要求他们具备跨学科和跨领域的沟通与合作能力，以便在解决问题时能够充分利用多个领域的知识和经验。高阶实践不仅是一次性的任务，还需要学生不断地进行学习和提升。他们需要保持持续学习的心态，不断积累经验，提升自己的实践能力和专业水平。

三、多维度跨学科实践

跨学科实践是在认知实践的基础上，通过多学科协同，综合运用不同专业知识内容，注重虚拟技术与现实生活相结合，以团队方式共同完成特定项目的实践形式。跨学科实践使学生具备学科交叉融合的知识，初步掌握相关学科的技能，从而更好地完成有一定复杂度的工作任务。

多维度跨学科实践旨在让学生将不同学科的知识，融合应用于解决实际问题中，培养跨学科思维和创新能力。这种实践模式能够让学生更好地解决复杂问题，为农村经济管理领域带来创新思路。学校可以组织跨学科的团队项目，让不同专业的学生合作解决一个综合性问题，从而培养他们的协作和跨学科思维能力。在实践活动中引入跨学科的实际案例，让学生从多个学科角度分析问题，培养他们的综合性思维能力。跨学科实践鼓励学生将不同学科领域的知识进行整合和交叉运用，这样的实践使学生能够从多个学科的角度审视问题，提供更全面的解决方案。跨学科实践通常涉及到复杂的问题和挑战，学生需要跨多个学科来解决这些问题。通过实践，可以培养学生解决复杂问题的能力，从而更好地应对农林经济管理领域中的实际挑战。跨学科实践鼓励学生思考如何从不同学科领域中获取灵感，创造性地解决问题。这种实践能够培养学生的创新思维，使他们能够在农林经济管理领域中寻找新的发展路径和机会。跨学科实践通常需要多个学科的专家或学生合作完成，这促进了跨学科合作和交流。学生通过与其他学科的人合作，能够学习不同学科的专业知识和方法，促进跨学科交流，丰富自己的知识体系。跨学科实践能够帮助学生在不同领域进行拓展，从而更好地理解复杂问题的多个方面。农林经济管理领域涉及经济、生态、社会等多个领域，学生通过跨学科实践能够更好地理解这些领域的相互关系。跨学科实践还可以提升学生的综合素质，如团队协作能力、沟通能力、分析能力等。这些素质在农林经济管理领域中同样至关重要，能够帮助学生更好地应对复杂多变的实际问题。

四、项目式创新实践

创新实践是在专业实践的基础上进一步培养学生的创新应用能力，主要引导学生不断拓展新的思路和方法，采用新技术、新模式解决实际问题，以项目化方式推进学生开展创新思维训练。

项目式创新实践是培养学生创新精神和实际操作能力的重要途径。学校应鼓励学生在农村经济管理领域开展创新项目，为农村经济的发展注入新的动力。学校可以提供创业项目孵化平台，让有创业意向的学生得以将自己的创意付诸实践，并获得相关支持。学生可以参与社会实践活动，为当地农村经济发展提供帮助，同时培养他们的社会责任感。高校应推进教学改革，在人才培养方式上推陈出新，推动产学研协同创新，鼓励学生参加学科竞赛，通过大赛实现教学方式变革。高校应依托产学研协同育人项目，开展文科创新实验室等平台，并辅之以网络智慧课堂，让学生亲身体验，从而提升创新和实践能力。高校还应明确培训计划的目标，以单元为单位进行学期课程的设计，逐步提高学生的专业能力；开设技术型专业，以支持研究生学习及提升就业竞争力，同时提升本科生的学术水平及专业水准；结合优势学科，开设学院和专业联合实践课程，开阔学生的学术眼界，培养出可以适应区域发展需求的复合型专业人才。

"认知实践—跨学科实践—专业实践—创新实践"这一实践链条，在农林经济管理专业学习和实践过程中，通过一系列环环相扣的实践环节，可以逐步培养学生解决复杂问题的能力。因此，通过这个阶梯递进的实践链条，实践内容将从简单到复杂，由分散操作到交叉协同不断提升，最终培养出能够创新解决复杂问题的能力。这对于农林经济管理专业的学生来说，是非常重要的一项能力，能够为其未来的职业发展和社会服务打下坚实的基础。

第四章

农林经济管理新文科建设行动

第四章 农林经济管理新文科建设行动

第一节 新文科建设顶层设计

一、目标与定位

新文科建设是新时代高等文科教育改革的重要举措，旨在培养具备跨学科素养、实践创新能力和解决复杂问题能力的复合型文科人才，以适应新时代快速变化的社会发展需求。农林经济管理作为农业、经济与管理领域的重要学科，也应顺应时代潮流，积极参与新文科建设，以更好地培养适应乡村振兴和生态文明建设需求的复合人才。

（一）专业概况

浙江农林大学农林经济管理专业设立于1984年，2007年获批浙江省重点专业，2016年获批浙江省优势专业，2020年获批国家级一流本科建设专业，2021年获批教育部首批新文科研究与改革实践项目。

截至2023年年底，浙江农林大学农林经济管理专业拥有专任教师30人，其中教授11人、副教授11人、博士生导师7人、硕士生导师25人；拥有教育部高等学校农业经济管理类专业教学指导委员会委员1人、国家"万人计划"领军人才3人；建有国家级一流本科课程3门、浙江省一流本科课程3门；拥有农林经济管理一级学科硕士点和博士点，形成了完整的"本—硕—博"人才培养体系。

依托浙江省乡村振兴研究院（浙江省新型智库）、浙江农林大学生态文明研究院（又是碳中和研究院，浙江省新型重点智库）、浙江省双创示范基地三大平台，农林经济管理学科在"林业经济管理、农业经济管理、碳汇经济政策、资源环境政策"四个方向具有鲜明特色，在自然资源产权制度、森林碳汇经济政策、非木质林产品发展等领域处于全国领先水平。

经过40年的建设积淀与持续改革，农林经济管理专业形成了面向乡村全面振兴的以"产业链全覆盖课程体系、分阶递进式实践育人体系、'三融合三协同'合作育人机制"为特色的分类培养体系，致力于为浙江乃至全国乡村振兴、生态文明建设和"双碳"目标，培养领军创新型人才和实践管理型人才。

（二）建设目标

立足新文科建设要求，以立德树人为根本，以服务乡村振兴和生态文明建设为目标，坚持"以本为本"，落实"四个回归"，把思政教育贯穿于农林经济管理专业新文科人才培养全过程，致力于培养具有深厚家国情怀、扎实专业素养和宽广国际视野的领军创新型人才，以及具备较强创新实践能力和基层工作能力的农业农村实践管理型人才。具体目标如下。

1. 培养新型农林经济管理人才

人才培养是农林经济管理新文科建设的首要任务。为更好地担负为党育人、为国育才的历史使命，农林经济管理专业将人才培养目标设定为培养既懂农林经济学理论，又具备乡村管理能力的新时代农林经管人才。为实现这一目标，农林经济管理专业主要通过开展实践教育，开设产学研一体化课程，并与农业、林业企业进行紧密合作，使学生在校期间获得充足的实践机会，具备解决实际问题的能力。

2. 打造国内一流教育资源平台

教育资源平台是办好农林经济管理新文科教育的基础保障。为打造一流的教育资源平台，实现教育资源共建共享，农林经济管理专业通过培育和自建一流课程、引进国内外一流教育资源、建设标准化教育资源平台等方式，为学生提供优质、多元、国际化的学习资源，助力学生个性学习、多元发展，拓宽学生国际视野，增强学生的就业竞争力和国际竞争力。

3. 推动农林经管知识研究与创新

知识研究与创新是农林经济管理新文科持续发展的动力。为使农林经济管理知识体系紧跟时代发展需求，应推动知识研究和创新，设立具有国际视野、针对性强的教学科研项目，鼓励教师和学生积极参与国际前沿领域的研究。为实现这一目标，农林经济管理要借助跨学科合作，促使其与现代科技深度融合，为解决现实问题提供新思想、新思路、新思维、新范式。

4. 强化社会服务和产业支持

社会服务和产业支持是农林经济管理新文科建设的落脚点。为适应国家乡村振兴和生态文明建设的战略发展需求，社会服务和产业支持的根本在于推动科研成果的高效转化和应用，为农业农村发展、乡村振兴和生态文明建设提供智力支持。为实现这一目标，农林经济管理新文科应大力开展产学研深度合作，积极响应国家号召，与农业和林业部门、企业建立稳固的合作关系。

（三）发展定位

浙江农林大学农林经济管理新文科建设立足浙江省、面向全国，致力于为国家乡村振兴和生态文明建设两大战略的实施，培养更多适应新时代需求的高素质、复合型农林经济管理人才。

1. 服务国家战略需要

紧密围绕国家乡村振兴和生态文明建设两大战略，立足浙江省独特的农林资源禀赋，着力建成国内一流、国际有影响力的农林经济管理高水平研究与人才培养基地。加强与农业农村部门、农林企业等合作，将农林经济管理新文科建设与实际产业需求深度结合，为地方农林经济发展提供智力和技术支持。培养既具备农林经济管理理论知识，又具备实际操作技能的高素质专业人才，为国家两大战略实施提供人才保障。

2. 服务新时代人才发展需要

为了给学生提供丰富的实践机会，鼓励学生参与农林经济管理项目，提高学生的实际操作技能，增强学生在创新创业方面的敏锐意识和精神品质，帮助学生在毕业后更好地适应乡村振兴和生态文明建设的需要，农林经济管理新文科教育应注重学生的实践能力、创新能力和解决现实问题能力的培养，定位于服务新时代人才发展的需要。

3. 服务跨学科融合发展需要

新时代背景下，农林经济管理问题关涉农业、林业、经济、社会与管理等诸多领域，传统单一的学科知识和思维已无法解决现实问题，亟须与农学、生态学、信息科学等相关学科领域进行融合。所以，农林经济管理新文科教育应定位于服务跨学科融合发展需要，致力于培养具备农林经济管理理论的深厚功底、广阔的跨学科视野、广博的知识背景，能够在不同领域间灵活运用知识解决实际问题的复合创新型人才。

4. 服务国际化交流合作需要

新文科坚持守正创新，既要扎根中国，也要面向全球，传递中国声音，传播中国范式。鉴于此，农林经济管理新文科教育应积极推动国际化教育合作，建立国际合作交流机制，鼓励学生参与国际学术研究，拓宽学生的国际视野，提高学生的全球竞争力；提升农林经济管理领域国际影响力，为世界乡村振兴和生态文明建设提供更多中国方案。

二、改革举措

浙江农林大学农林经济管理专业是国家级一流本科专业，同时也是全国首批新文科研究与改革实践试点专业。自 2021 年获批改革试点项目以来，农林经济管理专业在教学改革、专业建设、人才培养和知识创新等方面开展了广泛探索。

（一）深化教育教学改革

农林经济管理新文科教学改革是在全人教育理念指导下，以建构主义理论为核心支撑，围绕知识链、价值链和实践链"三链融合"模式推进的改革。

一是强化综合素质教育。在新文科建设中，不仅关注专业知识的传授，还注重学生的全面发展，着重强调综合素质教育，为学生提供更广泛、多元化的学习机会。通过跨专业融合和教学方法的创新，学生有机会接触到不同领域的知识，提升综合素质，提高跨界解决问题的能力，为适应复杂的现实社会和未知的未来世界奠定了坚实基础。

二是推进教育教学改革。建构主义理论强调学生在建构知识的过程中发挥主观能动性，注重学生的独立思考和问题解决能力的培养。通过亲身经历和合作学习，鼓励学生积极参与课堂讨论、案例分析和研究项目，提高学生的实际操作技能，深入理解农林经济管理领域的复杂性，以提升解决实际问题的能力。

三是创新教育教学方法。探索跨学科的课程设计和教学方法，整合各学科的优势，以学科交叉促进知识的再造与创新，实现知识的交叉与融合。通过实践课程的创新和设计，注重学生实践能力的培养，将知识融入实践场景中，提升学生的体验感和获得感。开展跨学科的教师团队协作和专业知识的整合，培养具有跨学科背景和实践能力的优秀人才，实现更全面、更深入的知识学习和能力培养。

四是注重学生创新能力的培养。基于学习观念的转变，给予学生自主选题、自主研究的空间，提供多样化的学习机会，鼓励学生参加各种形式的课堂活动、讨论辩论和社会实践，提高学生自主建构知识的能力。鼓励学生运用跨学科思维方法分析问题、解决问题，培养学生的批判性思维能力。

（二）强化专业内涵建设

强化专业内涵建设是新文科建设的重要举措之一，浙江农林大学农林经济管理专业坚守初心和持续投入，始终致力于服务"三农"、支撑乡村振兴和生态文明建设，不断深化专业内涵建设与综合改革。

一是创新专业管理体制机制。建立"学科—专业—支部"一体化管理机制，学科负责人兼任党支部书记，主管专业建设，负责学科专业人员、经费、资源的统一建设与管理，加强科学研究、思政教育与人才培养的协同合作；创建"科研团队—教学团队—学生社团"共同体，制定《教学团队、科研团队、学生社团实施管理办法》《教学团队、科研团队、学生社团绩效考核办法》，加强科研反哺教学，推动科教融汇。

二是完善跨学科专业课程体系。立足乡村振兴和生态文明建设需求，农林经济管理新文科教育课程体系建设按照"文＋农""文＋文""文＋工"交叉融合的改革路径，依托农林院校的特色与优势，不断强化与农学、工学、经济学、法学等学科交叉融合，建立经济学、管理学、农学、理学、工学、文学、社会学等多学科交叉融合的跨学科课程新体系。

三是以知识链、价值链和实践链"三链融合"为主线，深化农林经济管理新文科内涵建设。知识链强调学生知识的广度和深度，价值链关注学生的价值情怀和思想品德，实践链重视学生的实践能力和创新能力。通过"三链融合"的方式深化农林经济管理新文科内涵建设，不仅打破了传统文科教育价值培养、知识传授与实践育人衔接不紧密的弊端，而且有助于推动学生知识、能力、素质与价值的协同发展和全面发展，为乡村振兴、生态文明建设与农业农村现代化发展培养更多合格人才。

（三）完善人才培养机制

针对乡村全面振兴对人才多样化和学生发展多元化的需求，农林经济管理专业创新性构建了分类人才培养体系，专业吸引力不断提高，人才培养质量持续提升。

一是修订人才培养方案。根据学校《关于做好 2020 版本科人才培养方案微调工作的通知》要求，按照《浙江农林大学关于〈新生研讨课〉改革试点的指导性意见（试行）》《新文科建设宣言》等文件精神，围绕培养目标、思政课程体系改革、定向生人才培养方案制定、特色课程进课堂等内容，农林经济管理专业开展了人才培养方案修订。新的培养方案增设了现代林业、粮食与农业生产、农业大数据分析等跨学科课程，优化了人才培养的课程体系；同时，更加强调"三农"情怀教育，以"走在乡间的小路上"为特色设置了系列情怀教育课程；增设了"乡村振兴调研与案例分析"课程，试点推进学科竞赛进课堂；更加注重创新教育，结合优质学科平台资源，构建了一二三课堂有机融合的创新教育体系。修订后的培养方案融合新文科改革要求，更加契合农业农村现代化和生态文明建设对拔尖创新型人才的需求。

二是探索拔尖创新型和交叉复合型分类人才培养模式。紧跟新时代本科教育发展前沿，依托教育部新文科改革实践、浙江省高等教育教学改革研究等系列项目，通过顶层设计与系统谋划，从培养目标分类、课程体系重构、实践教学优化、协同机制创新等方面，对农林经济管理专业人才培养进行了持续改革与实践，确立了培养农林经管领军创新型人才和实践管理型人才的目标，并分别制定培养方案、开设农经创新班和农经定向班，形成了面向乡村全面振兴的以"产业链全覆盖课程体系、分阶递进式实践育人体系、'三融合三协同'合作育人机制"为特色的农林经济管理专业分类人才培养新体系。

三是突出生态育人、育生态人的理念，培养"一懂两爱三过硬"的拔尖创新型人才。以新文科、新产业、新业态为背景，以"三融合三协同"为路径，以浙江省"三农"发展鲜活案例为支撑，以服务生态文明建设、乡村振兴、共同富裕为目标，培养拔尖创新型人才。在拔尖创新型人才的培养中，突出拔尖创新潜质，使学生具备终身学习能力，敢于创新，不断提升自己的知识和能力，能够创造性地解决现实问题，更好地服务于乡村振兴和生态文明建设需要。

四是深化基层农技人员定向培养模式。积极开展校政企合作，实施"定向招生—定向培养—定向就业"的"三定"合作教育，按照共商培养方案、共建师资队伍、共建实践基地、共建课程教材的"四共"协同育人机制，培养复合交叉型人才。在复合交叉型人才的培养中，突出熟悉国家"三农"工作政策法规，使学生具备从事农业农村基层管理工作的良好职业能力，能够适应国家全面推进乡村振兴、推动农业农村高质量发展的国家战略需求。

（四）推动知识生产创新

知识体系建设是新文科建设的灵魂。农林经济管理专业以支架式知识体系推动知识的生产创新，很好地解决了学科融合导致的知识碎片化问题和创新教育理念匮乏问题。

一是建立关键概念和知识框架。梳理经济学、管理学、农学、社会学等不同学科知识点之间的联系和内在逻辑关系，构建完整的知识体系，帮助学生理解和记忆知识。在系统梳理知识框架的基础上,构建与区域经济发展相适应、与学科办学特色相匹配的学科专业知识框架体系。对知识框架展开分析,从课程理论学习、实践教学、授课形式等方面来建立多理论、多视角的框架体系,强化系统化学习,促进教学方式向引导式教学转变,提高学生学习效率和教师教学质量。

二是注重知识的演化和变革。注重专业知识的前瞻性,注重培养学生前沿和创新知识获取能力。在知识结构方面,实现经济学、管理学、农学、理学、工学等多学科交叉融合,让学生更好地理解和应对社会变革与发展。此外,在新文科知识的演化和变革中强调实用性,让学生能够更好地应用所学知识,通过案例教学、实践活动、讨论等方式,让学生了解和分析知识在不同历史时期的演化和变革过程,以便更好地理解和应用知识。

三是不断提高学生综合素质。依托学科竞赛、创新创业、精品展示、实验、第二课堂等实践教学环节,为学生提供广阔的自主学习空间,促进学生学习能力和综合素质的提升。结合科技进步、经济社会发展状况,培养学生形成理论化、系统化的新知识自主学习能力,鼓励学生独立探索,以更好地适应"三农"工作需要。此外,研究能有效提升学生独立探索能力的教学方式,运用数字技术、数据等生产要素,为学生打造更加多元化、创新性和实用性的教育教学体系。

四是拓展知识边界与应用能力。加强校校协作、校企协作,通过多维度推动、竞赛项目赋能,促进知识的体系化构建。通过整合跨学科知识,提高学生理解和应用农林、经管、农村社会学等专业知识的能力。通过实验室教学、现场培训,加强专业软件学习与应用,提高学生的协作互动能力和应用理论知识解决实际问题的能力。通过认知实习、课程实习、专业实习等方式,强化学生发现问题和分析解决问题的能力。

三、存在的问题

农林经济管理新文科建设顶层设计中也存在一些问题和不足,主要有如下表现。

（一）服务国家和地方重大战略需求的能力不强

我国农业农村正面临着转型升级的挑战，亟须适应农业强国建设的专门人才，传统的农林经济管理专业培养目标和人才培养体系难以适应新时代发展要求，导致人才培养与国家发展战略对接不畅。此外，不同地区农业农村发展面临着差异化的挑战，乡村振兴人才需求存在区域差异与多样性，传统的人才培养体系弱化了农林经济管理专业服务地方经济发展的能力。

（二）"三农"情怀价值引领和实践能力锤炼不足

在实践育人过程中，实践场景呈现片段化，实践教学资源系统性不强，"三农"情怀教育植入不深，课程思政教育元素在实践教育中尚未得到充分挖掘，学生没有足够的机会接触和了解实际的"三农"问题，导致对于国情、农情与乡情的认识不足，致使"三农"情怀体验不够深刻。此外，组织融通不顺畅，产教融合不深入，科教融合不紧密，科研、咨政反哺教学能力不强、成效不高，政校企协同育人稳固性不强。

（三）教学科研平台支撑实践教学的能力有待提升

在教学科研平台方面，农林经济管理专业有浙江省乡村振兴研究院、浙江农林大学生态文明研究院、浙江省经济管理类重点建设实验教学示范中心等平台支撑，在一定程度上为人才培养提供了必要的实践教学资源。但是，科研平台对人才培养的反哺作用和能力还不够，"三农"实践教学资源碎片化、教师任务分散化、学生体验片段化等现象突出，亟待提升教学科研平台一体化建设，以全面支撑农林经济管理新文科人才培养。

（四）学生个性化学习资源与机制仍然支撑不足

由于缺乏个性化学习资源，适合个性化学习的教材和教学资源较少，质量参差不齐，学生在制定学习方案时难以有效识别优质学习资源，难以找到适合的案例、资料，从而影响学习效果。此外，教学方法和理念不匹配，个性化学习强调学生自主选择学习内容和学习方式，但实际教学方法和教学理念仍旧传统，缺乏与个性化学习相匹配的条件，学生很难在学习中得到有效支持。

第二节 价值塑造行动

一、课程思政建设

（一）课程思政建设的逻辑理论

立德树人是高校的根本任务，也是课程思政建设的精髓。课程思政是中国高等教育发展和实现人才强国战略的应然，是我国高等教育现状的实然，是古今中外教育发展的必然。人才培养是大学的重要使命，这就需要发挥好"思政课程"和"课程思政"的协同育人效应，架构出专业课教学与思政课教学同向同行的育人格局，教育部将"全面推进课程思政建设"上升到落实立德树人的战略举措层面。加强高校课程思政建设，既是落实习近平总书记重要指示精神的具体实践，又是新时期提升我国高等教育质量的重要举措，对于践行高等教育"回归常识、回归本分、回归梦想、回归初心"具有很强的价值引领作用。

教育的功能在于培育完整的人。课程思政是将高校思想政治教育融入课程教学和改革的各环节、各方面，实现立德树人润物无声的过程。课程思政是要把立德树人的教育理念贯彻于整个教学历程中，把思想道德教育和文化素质培养穿插于专业课程的教育过程中，有效实现全过程培养、全方位培养。它是贯彻党的政策以及国家发展战略的需要，适应新时代我国高校教学改革的需要，与思政课程相辅相成的需要。

（二）课程思政建设的原则

课程思政建设，首先体现在育人大纲的修订与实施上，目标是建成立德树人功能完备的课程体系，需要坚持"五育融合""五缘融通"的基本原则。

1. "五育融合"原则

教育的根本目的就是按照人的生命发展规律和需求，通过施加积极正向的影响使人的生命丰满完善，从可能的状态变为现实的状态。全面发展教育体系是培养德智体美劳全面发展人才的本质要求。2018年，全国教育工作会议从国家经济社会发展的战略高度和未来人才培养的长远需求出发，总体确立了"五育并举"的全面发展教育体系。"五育并举"即聚焦学生德智体美劳全面发展需求，以"立德树人"为根本目标，坚持"德育、智育、体育、美育、劳育"并重，持续提升学生道德素质、智慧素养、强健体魄、高雅审美、劳动精神，形成具有特色指标的目标体系。这需要"立起来、强起来、通起来"。"立起来"即"五育"一个都不能少，这是基本条件，是底线；"强起来"即"五育"都要强，在优化智育的同时，坚持德育为先，全面加强和改进体育、美育和劳育，彻底扭转"疏于德、弱于体、少于美、缺于劳"的尴尬局面；"通起来"即"五育"相互促进、协同综合育人。我国已经总体上构建起德智体美劳全面发展培养体系和育人格局。

为了形成更高质量的人才培养体系，浙江农林大学创新形成"德育为先、五育融合"原则（以下简称"五育融合"）。"五育融合"是通过融合的形式实现学生个体德智体美劳的全面发展，将五育融入教育教学的全过程，相互渗透，进而实现"五育"的整体生成，代表着个体的成长发展是全面的、融合的发展，打破不同部门、不同层级的育人壁垒，实现德智体美劳育人的有机融合。"五育融合"是一种教育理念，是新时代师生在教育教学思维和实践活动中形成的对教育应然状态的理性认识。具体而言，德育通过价值导向、方法引领、动力作用等方式作用于智育、体育、美育、劳育；智育通过科学理论方法作用于德育；体育通过体质、意志、品质的养成作用于德育；美育通过审美、情感、情操的提升作用于德育；劳育通过躬行、感知、感悟作用于德育。可见，"五育"是相互关联、相互渗透、相互影响的（如图4-1所示）。

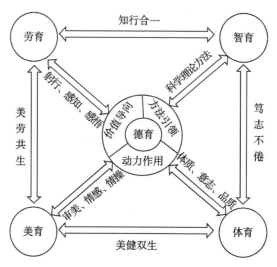

图4-1 "五育融合"原则及作用机制

2."五缘融通"原则

"五缘文化"原是指通过对沉淀于中华传统文化和华人社会中的宗族亲友、邻里乡党、宗教信仰、同业同行和物质媒介等内涵关系的文化提炼，明确地定义为亲缘、地缘、神缘、业缘和物缘的"五缘文化"关系。而在此，我们将其引申到大学全人教育领域，"五缘"是指大学生必需的"爱缘、学缘、业缘、志缘、趣缘"。"五缘融通"是指大学生在学期间要做到"五缘"并重，"五缘"优势互补，发挥"五缘"的综合协同育人价值。

高校课程作为高质量教育体系的重要组成部分和立德树人的核心环节，必须在"五缘"融合理念下，从课程设置、课程内容和组织方式等方面进行深刻变革，实现课程的综合育人功能。就农林经济管理专业而言，爱缘是指要培养学生高尚情怀，即深化"知农爱农"的价值塑造和情怀教育，引导学生爱农村、爱农民，培育其心系"三农"、情牵"三农"、行为"三农"的赤子情怀。学缘是指要培养学生追求学问，即强化中华传统文化与"三农"文化学习，深入了解国情省情，增进对乡村振兴战略的理解与认识，求真知、明真理。业缘是指要培养学生卓越才能，即引导学生品味农业，感悟乡村，体会农情，筑牢为农光荣、为农崇高、为农伟大、为农美丽的审美观念，培养学生融入农村的实践能力。志缘是指要培养学生高远志向，即通过参与农业农村的社会实践，让学生接受锻炼、磨炼意志，深入联系实际、社会和群众，促使学生开阔眼界视野、增强社会责任感，培养投身农业志向。趣缘是指培养学生健康身心，即引导学生在劳动中强健体魄，促进其身心健康和协调发展，进而增强学生不畏艰难，奋力投身"三农"事业的信念，激发学生所蕴藏的潜力（如图4-2所示）。

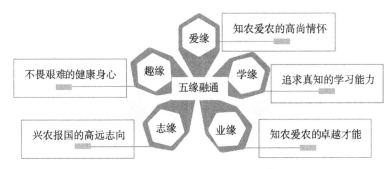

图4-2 "五缘融通"的原则及内涵

（三）课程思政育人大纲建设

课程思政强调从思政课程到课程思政的全面转变，实现思政课程与专业课程全方位价值观引领，将立德树人落实到课程体系和教学过程之中，农林经济管理专业把"三农"情怀锤炼、家国情怀培养等有机融入所有课程中，挖掘课程中蕴含的育人元素，发挥课程具有的精神塑造、思想引导和价值引领的育人功能，解决好培养什么人、怎样培养人以及为谁培养人的根本问题，真正把立德树人根本任务落到实处。因此，在课程思政上，围绕"知识传授与价值引领相结合"的课程目标，强化显性思政，细化隐性思政，通过课程思政育人大纲统领形成全课程育人格局，成为农林经济管理专业课程思政建设的核心目标。

1. 专业理论课思政育人大纲

课程思政应充分体现每一门课程的育人功能，专业课也不例外。农林经济管理专业重视专业与价值观的同频共振，力求实现课程思政全覆盖。通过课程思政元素挖掘、思政元素进教学大纲、思政元素进教学设计、思政元素进课堂教学，将坚定的政治方向、正确的"三观"和深厚的"三农"情怀培养作为农林经济管理专业理论课课程思政的主要元素，通过教师理论传授、学生组团讨论、教师点评讲解等方式让乡村全面振兴、大国"三农"、浙江精神、"两山"理念、"千万工程"、生态文明、气候变化、精准扶贫、美丽乡村等思政元素融入课程教学全过程。在培养方案修订时，农林经济管理专业根据经济社会发展对新文科人才需求的转变，适时增设"应用经济学研究方法导论""粮食与农业生产""乡村振兴调研与案例分析""农业大数据分析""食品加工与流通"等课程。

农林经济管理专业的课程思政改革中，高度重视课程组的作用，通过课程群研讨等方式，充分挖掘专业课中的思政元素，以专业知识为载体加强大学生思政教育，形成强大的说服力和感染力，将课堂育人主渠道功能最大化发挥。如国家级一流本科线上线下混合式课程"林业经济学"，基于学校"培养具有生态文明意识、创新精神和创业能力的高素质人才和浙江现代农林业的未来领导者"的人才培养目标，将课程目标细化为知识目标、能力目标、素质目标和价值目标。在传授林业经济专业理论知识、提升学生专业论文写作能力、分析和解决林业经济问题能力的同时，培养学生严谨的学术精神和团队合作意识，全面提升学生综合素质，持续提升学生的"三农"情怀，不断夯实"两山"理念，为培养现代农林经济管理专业人才夯实专业基础和情怀基础。

2. 专业实践课思政育人大纲

基于"浸入式"实践育人理念，以聚焦"一懂两爱三过硬"情怀培养的乡村田野调查为主体，以学科竞赛、创新项目等为多翼，通过迭代升级、多元融合、虚实结合等方式，不断厚植学生"三农"情怀，锤炼学生实践能力，形成了"一体多翼"的新文科特色实践育人新体系（如图4-3所示）。将"富强、民主、文明、和谐"的价值目标，"自由、平等、公正、法治"的价值取向，"爱国、敬业、诚信、友善"的价值准则等思政素养融入实践课程中。自1996年起，持续近30年专注专业实践课课程思政建

第四章 农林经济管理新文科建设行动

设,从最初的林业经济学课程实习到乡村田野调查综合实习,再到将乡村田野调查与创新实践独立设置为实践必修课;调研地点从随机选择到形成长期固定观测点,调研主题从"八八战略""千万工程"、新农村建设、精准脱贫到共同富裕、现代化先行等。同时,为解决传统实践教学场景、时间、成本等约束问题,开发"种植业家庭农场经营决策虚拟仿真实验"国家级虚拟仿真实验教学项目和"调查研究方法与实践"国家级社会实践一流课,开展跨专业综合实训,在实践教学手段和方式的不断迭代升级中持续夯实学生"三农"情怀,培养学生探索未知世界的能力,培养学生坚毅的品格和进取的精神。通过"乡村振兴调研与案例分析"省级社会实践一流课,让学科竞赛进课堂。近5年,60余个团队参加浙江省大学生乡村振兴创意大赛等省级A类及以上竞赛,在竞赛中参与乡村创意、创业,在竞赛中升华"三农"情怀,涌现出"松心文化""好酒不见""胡家里六号乡村研习社"等将创意项目落地为创业项目的典型,实现了"在校园里种下希望,到田野上收获感悟"。学生在"浸入式"的乡村实践中感知时代变迁、体察民生冷暖、思考乡村发展、投入乡村振兴、投入两个"先行"建设。

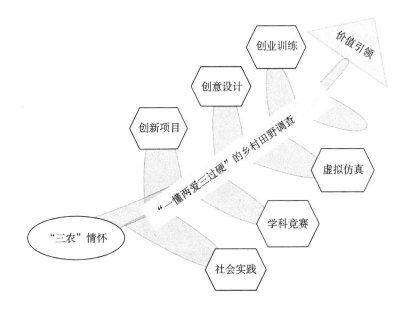

图 4-3 农林经济管理专业"一体多翼"的新文科特色实践育人新体系

二、生态育人

（一）生态育人的缘起

党的十八大首次提出将生态文明建设作为中国特色社会主义事业总体布局的重要组成部分。加强高校生态文明宣传教育，提高大学生的生态文明保护意识和能力，对于大力推进生态文明建设，落实中国特色社会主义"五位一体"的总体布局，实现中华民族的永续发展，具有深远的意义。

生态育人即通过生态化理念、生态化教育、生态化管理与生态化校园等方式，做好新时代人才培养工作。生态育人的指导思想是以习近平新时代中国特色社会主义思想和党的十九大精神为指导，深刻把握习近平生态文明思想基本要义和深刻内涵，全面贯彻落实全国全省高校思想政治工作会议精神，以立德树人为根本任务，推进"三全育人"综合改革。

浙江农林大学长期高度重视生态文明建设，从建校之初就践行梁希老部长的"无山不绿、有水皆清、四时花香、万壑鸟鸣，替河山妆成锦绣，把国土绘成丹青"理念，始终把提高本科教学质量作为核心任务。2004年，时任浙江省委书记习近平在视察时指出"建设生态省，林学院大有可为，责任重大"。2005年，在"两山"理念引领下，学校开启建设生态大学新征程，确立"生态育人、创新强校"发展战略，坚持以"生态育人"为特色，紧紧围绕"双一流"建设目标，依托国家生态文明教育基地，探索"生态育人、育生态人"浙农林模式，构建生态特色鲜明、农林标识度强和社会知名度高的"三全育人"工作体系，培养高素质农林人才。坚持传承与创新相融，通过着力实施生态育人行动，让生态理念融入"三全育人"改革各领域，贯穿学校思政工作各方面和人才培养全过程，渗透校园每个角落，滋养师生心灵，涵育师生品行，促进绿色发展。秉承"求真、敬业"的校训，弘扬"坚韧不拔、不断超越"的精神，鼓励学生们锻造"肯干、实干、能干"的"三干"品质。农林经济管理专业在学校、学院的指导下，持续迭代更新培养方案，持续强化"四新"要求和生态育人目标，将环境保护和可持续发展意识教育，全方位地渗入农林经济管理专业综合性的教学和实践环节中去，使之成为学生的基础知识结构以及综合素质的重要组成部分。

（二）生态育人的机制

乡村振兴战略是新时代做好"三农"工作的总抓手，而要实施乡村振兴战略，就必须要培养造就一支"一懂两爱三过硬"的"三农"工作队伍，用以打造人才活力迸发的新格局。在这一过程中，要做到吸引人才与培育人才并重，让"外来女婿"和"本地郎"都能发挥好聪明才智，在乡村振兴中建功立业。乡村振兴，人才是关键，大学生村官和返乡农民是乡村治理的重要主体。农林经济管理专业基于"五育融合""五缘融通"的基本原则，通过建立"学科—专业—支部"一体化协同育人机制、实施"三全育人"模式，旨在实现生态育人的目标。

一是建立"学科—专业—支部"一体化协同育人机制。设置学科专业负责人兼学科教工支部书记，对学科建设与科学研究、专业建设与人才培养、支部建设与思政育人负总责，推进组织一体化、考核一体化和经费一体化，促进组织深度融通，把党建与思政教育融合为一。通过"科研团队—教学团队—学生社团"三位一体，农林经济管理学科教工支部与农林经济管理学生支部构建党建联盟，以党建引领"协同创新"和"协同育人"，制定《教学团队、科研团队、学生社团实施管理办法》《教学团队、科研团队、学生社团绩效考核办法》等，设立大学生工作站和教学科研助理岗位，确定教学科研团队、对接学生学会，明确科研团队孵化课程、承担教学及建设改革的年度任务，促进科教深度融汇。以培养"一懂两爱三过硬"人才为目标，严格遵照下得去基层、干得好工作、守得住初心的新时代"三农"人才基本要求，秉持浙江农林大学一贯重视学生"肯干、实干、能干"的"三干"品质培养的办学传统，倒逼构建面向基层基本素质、面向乡村综合能力、面向未来发展潜力的"三位一体"实践能力体系（如图4-4所示），形成面向乡村全面振兴的以"产业链全覆盖课程体系、分阶递进式实践育人体系、'三融合三协同'合作育人机制"为特色的农林经济管理专业分类人才培养新体系。

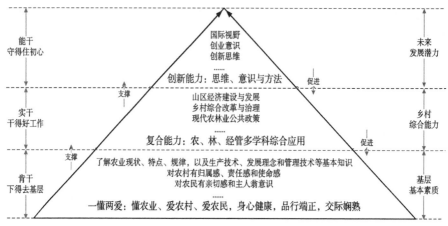

图 4-4 农林经济管理专业"三位一体"实践能力体系

二是实施"三全育人"模式。"三全育人"即全员育人、全过程育人、全方位育人。它是一种整体性、系统性、全面性的育人理念与体系，超越了传统的教书育人、管理育人和服务育人的"三育人"格局，形成了新的时代内涵与特征。在全员育人上，构建多维度、系统化的教育教学体系，完善全员参与、全过程贯穿、全方位协同育人的大思政立体格局，深植"大思政"的沃土。在全过程育人上，以乡村全面振兴、共同富裕和现代化先行的多样化人才需求为导向，建立四年一贯导师制，从大一起为大学生配备学业导师；学业导师承担思想引领、学业引导和创新启蒙等重要作用，聚焦"三农"产业和农村治理等前沿问题，引领学生通过认知实践、跨学科实习、专业实践、创新实践，深度走进乡村、走近农民，参与乡村振兴、共同富裕和现代化建设，在助力乡村全面振兴的同时，实现全过程立德树人，锤炼学生"一懂两爱三过硬"品质。在全方位育人上，激发专业教师、实验教师、思政教师（含辅导员）、地方政府和农林业主管部门专家、兄弟院校专家等政产学研用多方参与育人的内驱力，不断拓展育人的维度，并将育人的过程向前后及更广泛领域延伸，形成"三全育人"模式。

（三）生态育人的农林经济管理专业实践

农林经济管理专业全面实施"生态育人、育生态人"工程，即依托农林学科专业特色，着力推进生态课程、生态文化、生态环境、生态研究、生态实践"五大育人行动计划"。"生态育人"就是要通过生态化理念、生态化教育、生态化管理与生态化校园，做好新时代人才培养。"育生态人"就是要培育拥有与新时代新青年相适应的生态品德、生态品格和生态品行，能够担当民族复兴大任的具有生态文明意识、创新创业能力的高素质人才和区域现代农林业未来领导者。

一是以思政课程、课程思政、课程课堂为重点的生态课程育人行动。农林经济管理专业教育专注解决"培养什么人、怎样培养人、为谁培养人"这一根本问题。在"培养什么人"上，注重培养乡村振兴、共同富裕和现代化先行示范区的建设者和接班人，注重培养担当民族复兴大任、有理想、有本领的时代新人。在"怎样培养人"上，始终强调以"立德树人"为根本任务，构建"五育融合""五缘融通"的全面培养教育体系，坚持"教育与生产劳动和社会实践相结合"。在"为谁培养人"上，做到新时代教育的"四为服务"，即教育为人民服务、为中国共产党治国理政服务、为巩固和发展中国特色社会主义制度服务、为改革开放和社会主义现代化建设服务。农林经济管理人才的必备素养和能力并非天生就有，它必须经过长时间的培养与滋润。在现实中，鉴于基层工作环境、待遇条件、发展空间等实际情况，大学毕业生普遍不愿意到农村创业就业。农林经济管理专业教师充分认识到思政课程、课程思政、课程课堂教学过程本身就是育人最主要的过程，也是教书育人最重要的途径，结合"四新"要求和生态育人目标，将生态理念内化到农林经济管理专业人才培养全过程中去，设立"农林业经济史""智慧农业""现代林业""农业大数据""空间信息技术概论""农林经济管理前沿""'双碳'目标与碳汇经济专题"等课程，将知识传授与价值引领有机融合。在教学中，既注重在价值传播中凝聚知识底蕴，又注重在知识传授中强调价值引领，突出显性教育和隐性教育相融通，采取以学生为中心、教师辅以科学指导的教学模式，在理论课中融入典型案例，培养大学生的"三农"认知，真正实现在课堂教学主渠道中全员、全方位、全过程育人。

二是以绿色校园、文化景观、教育基地为重点的生态文化育人行动。

浙江农林大学"两园（校园、植物园）合一"的现代化生态校园，被誉为"浙江省高校校园建设的一张亮丽名片"和"一个读书做学问的好地方"，被教育部、国家林业和草原局等单位授予"国家生态文明教育基地"，被中宣部命名为"全国学雷锋活动示范点"。农林经济管理专业以生态校园为底色，以文化景观、教育基地为载体，实施生态文化育人行动。为让"生态育人、育生态人"工作成效可追溯、可记录、可评价、可感知，农林经济管理专业建立和实施"生态青年成绩单"制度，设立了生态积分和生态勋章。"生态青年成绩单"由生态意识、生态知识与生态行为等三部分内容组成，共同塑造现实、立体的新时代"生态人"形象。引导学生自觉接受生态文明教育，主动践行生态文明理念，积极参与生态文明建设。

三是以文明公约、绿色节约、阳光善美为重点的生态环境育人行动。生态文明的核心在于人与自然的和谐共生，人类的美好生活乃至国家的发展都离不开生态文明建设。农林经济管理专业从提高教师素养率先入手，注重思政和德育教育能力的提升，倡导文明公约、绿色节约，开展阳光善美活动，培养师生"崇尚生态文明，践行绿色生活；牢记'两山'理念，树建农林典范；弘扬传统美德，厉行勤俭节约；倡导低碳出行，细化垃圾分类；铸就健康体魄，塑造阳光心态；务求真诚友善，注重人际和谐；恪守网络文明，厚植爱国情怀；建设生态校园，共享幸福农林"的生态文明理念。提高学生对专业价值与社会融合的认知，增强学生文明意识、节约意识、团结友善意识。

四是以特色活动、创意产品、文化品牌为重点的生态研究育人行动。通过举办以生态为特色的"天目大讲堂"等活动，邀请校内外生态相关领域的院士、专家学者、优秀校友以及社会知名人士登台开讲；优秀本科生、研究生均可登台分享成长经历，交流成功经验，营造良好的校园学术文化氛围、增强学生的学术抱负和生态情怀。强化第二课堂成绩单制度，旨在持续引导大学生在大学期间参与思想政治引领、素质拓展提升、社会实践锻炼、志愿服务公益和自我管理服务等第二课堂活动，包括4个创新创业学分和2个思政实践学分，要求学生在弹性学制内完成，作为学生毕业的必要条件,并将其作为学生在校期间评奖评优、升本推研、推优入党以及用人单位选人用人的重要依据。创新创业学分评定由学校教务处负责,思政实践学分评定由学校团委负责。通过鼓励学生申报创新创业项目、设计创意产品和文化品牌等措施,将创新创业融入生态育人全过程。一般要求在大学一年级至三年级期间完成创新创业学分、思政实践学分的申请认定。毕业当年6月前,未达到4个创新创业学分和2个思政实践学分的不予毕业。在第二课堂成绩单制度中,充分发挥全员育人功能,明确"教书育人、管理育人、服务育人",深入发掘创新创业学分和思政实践学分的价值塑造作用,将高校思政教育融入教学过程和改革的各环节、各方面,实现课程思政与立德树人的有机融合,达到润物细无声的效果。

五是以精品创作与推广、理论研究与创新、资源建设与利用为重点的生态实践育人行动。举办校园生态节,通过挖番薯大赛、拔萝卜比赛、摘玉米体验等实践活动,上演一堂堂别样的丰收节生态课程,为师生烙上"生态印记"。开展植树节倡议活动,落实杭州亚运会"绿色、智能、节俭、文明"的办会理念,助力亚运会碳中和;进一步丰富植物种类,优化校园环境,创建绿色学校,师生们通过参与植树造林、认种认养、抚育管护、自然保护等活动,主动植绿播绿,以实际行动关注、支持绿化造林事业;关爱绿色生命,积极参与校园的绿化养护活动,积极爱绿、护绿,自觉爱护校园里的一草一木,保护校园野生动植物,共同守护我们的绿色校园;师生积极参与绿色学校、"零碳"校园建设,主动维护好优美的环境,让生态理念全方位融入学校的人才培养、科学研究、社会服务等方方面面。鼓励学生深入基层进行实践锻炼。通过深入农村基层的实践锻炼,激发学生乡土情怀和对"三农"的热爱。在农林经济管理专业培养方案中,有超过20%学分的实践课程,从第一学期"新生研讨课"的共同富裕典型乡村走访到第六学期的"调查研究方法与实践",从第四学期的"乡村振兴调研与案例研讨"到第八学期的毕业实习,无不是让学生深入农村、走访农民、参与农业,在实实在在"耕读教育"中亲身体验,培养学生"质疑、批判、创新、求真"的精神,养成学生"诚信、务实、严谨、执着"的态度，形成学生"主动、进取、争先、坚毅"的行为能力，充分发挥政校企村协同实践教育的浸润作用，注重在培育人的综合素养过程中根植理想信念，强化主流价值引领，升华"三农"情怀，使思政教育与实践教育协调同步、相得益彰。

三、"走在乡间的小路上"实践育人品牌建设

传统双创教育注重专创融合，但尚未从"五育融合""五缘融通"的高度建立广域化、深层次融合体系。专业建设要全面贯彻党的教育方针，落实立德树人根本任务，围绕人才培养定位，依托专业，从人才培养的核心要素入手，通过"五育融合""五缘融通"，建立广谱化、全覆盖的创新创业教育体系，打造双创教育升级版，进一步提升学生立志为"三农"献身的创新精神、创业意识和创新创业能力。

（一）创立"走在乡间的小路上"实践育人品牌

当代大学生对"三农"的认识、理解和思考的深度，事关中国农村乃至整个中国未来的发展。为了培养学生的"三农"情怀，浙江农林大学农林经济管理专业早在1996年，其前身林业经济管理专业成为本科专业起，就着手考虑加强大学生对"三农"的认识、理解和思考，在学习完社会经济调查方法后，以林业经济学课程实习为载体，探索成立教师指导团队，分组开展山区乡村调研，坚持每年"走在乡间的小路上"，并旨在以此创立实践育人品牌。具体为，每位教师带数名学生成立小分队，每个小分队深入1个山区县的1个乡镇、3个村，进行乡镇干部关键信息人访谈，村干部、妇女和老年人参与式小组访谈，农户问卷调研等，深入体察民情、感悟农村。

（二）迭代升级"走在乡间的小路上"实践育人品牌

为进一步规范学生培养，更好地提升学生培养质量，农林经济管理专业以打造"走在乡间的小路上"实践育人品牌为目标，以记录乡村发展大

时代为使命，持续迭代升级"走在乡间的小路上"实践育人品牌（如图4-5所示）。自1996年至2022年，农林经济管理专业历经六次全面修订人才培养方案，使"走在乡间的小路上"从一门专业课程的实习，发展到独立设置的2个学分的必修课程"调查研究方法与实践"；再经实践能力与"三农"情怀的融入，以及社会实践、学科竞赛、学科论文、创新项目、社团活动与野外拓展等来自不同部门与渠道的教学任务的整合，该课程已发展为由专业教师、实验教师与思政教师等共同指导的综合性实践课程；并严格按照科研项目要求进行组织实施，师生共同设计调查问卷，指导老师亲自带领学生"走千村、访万户、读'三农'"，让师生们在"沉浸式"的乡村调查与实践中感知时代变迁、体察民生冷暖、思考乡村发展，从而提升实践能力与"三农"情怀。

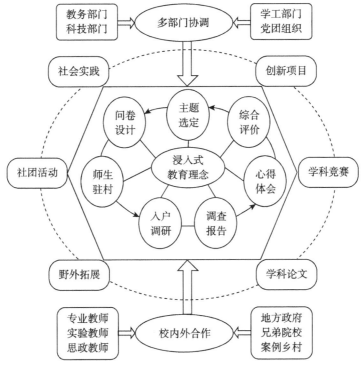

图4-5 "走在乡间的小路上"实践育人品牌

"走在乡间的小路上"旨在培育学生"学农、知农、爱农"的"三农"

情怀。它以校内为原点,通过多样化的涉农学科竞赛,将师生目光和脚步移到农村。定期组织师生针对当代"三农"发展中的重点和热点问题,深入田间进行调研,收集农村发展数据,挖掘农村传统文化,建设农村电子商务,让学生围绕"外业调查—内业整理—调研报告—成果展示"这一主线,独立剖析和解决"三农"发展中存在的现实问题,了解民生、民情,锻炼并提升学生的实践能力。其组织实施框架如图4-6所示。

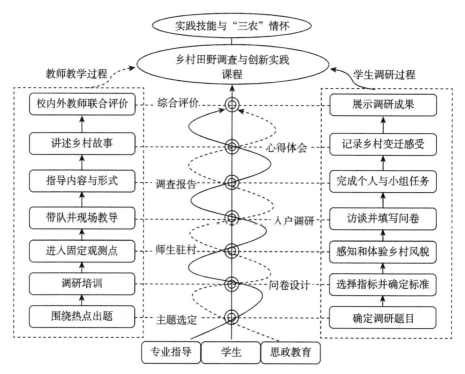

图4-6 "走在乡间的小路上"组织实施框架

(三)"走在乡间的小路上"入选省高校实践育人示范载体

围绕厚植"三农"情怀、价值引领和实践能力锤炼,"走在乡间的小路上"以"认知实践—跨学科实践—专业实践—创新实践"为主线,项目化整合课程实践、学科竞赛、创新项目、创业训练、毕业论文等课内外多元实践,依托浙江省经济管理类重点建设实验教学示范中心、浙江省乡村振兴研究院、浙江农林大学生态文明研究院和"百村工程"联合实践教学基地等校内外实践平台基地,构建时间分段、目标递进的实践育人体系(如图 4-7 所示)。通过了解农林业经济及其发展史,培养学生爱国爱岗的家国情怀;通过参与创新创业项目和学科竞赛等,提升学生解决实际问题的知识水平;通过顶岗实践,锻炼学生健康的体魄、良好的职业素养和敬业精神;通过课内实验与课外实践相互联动、虚拟仿真与实地体验相互融通,让学生在实践中认知、理解、践行、升华"三农"情怀,实现实践育人的"知行合一",形成"五育融合"的全方位育人格局。

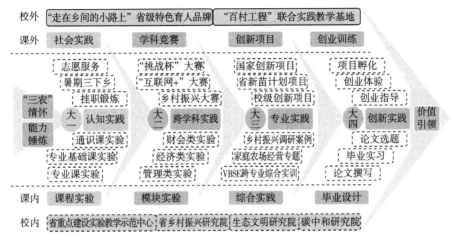

图 4-7 "走在乡间的小路上"实践育人体系

一批优秀人才、一批优秀成果在"走在乡间的小路上"的实践活动中被沉淀了下来,形成具有浙江农林大学特色的实践育人文化,成为服务乡村振兴和生态文明发展的人才摇篮,影响了一代又一代的学子。"走在乡间的小路上"——浙江农林大学实践育人载体荣获浙江省高校实践育人示范载体,"走在乡间的小路上"实践调研荣获浙里正青春·来自大学生的暑期提案一等奖,实践育人辐射带动了全国农林经济管理专业教育。在仇焕广教授看来,浙江农林大学农林经济管理专业形成了特色鲜明的实践育人品牌。在当年他就说道:"该校能够持续 25 年,扎扎实实开展'走在乡间的小路上'实践,这是一般学校都不容易做到的,对于培养学生知农爱农的精神品质和实事求是的工作作风非常有帮助,这是该校核心竞争力。"

四、价值塑造行动建设成效

农林经济管理专业高度重视课程思政建设,持续优化专业定位和人才培养模式,扎实推进课程体系和教学内容改革,着力强化课程思政示范课、课程思政教学研究项目、课程思政基层教学组织建设,取得了显著成效。

(一)培育了"一懂两爱三过硬"的"三农"铁军

"一懂两爱三过硬"中的"懂农业、爱农村、爱农民"是开展农村工作的前提,"政治过硬、本领过硬、作风过硬"是开展农村工作的关键。农林经济管理专业人才需要具备为了"三农"、为了乡村振兴、为了共同富裕,"捧着一颗心来、不带半根草去"的为民情怀。政治过硬强调人才培养过程中要注重党建创新引领能力提升,强化做好"三农"工作的政治担当,从创造力、组织力、凝聚力和战斗力四个向度为乡村振兴提供方向指引、组织保障、动力支持和关键支撑。本领过硬需要对学生进行全方位能力培养,促进大学生加快提升新发展阶段"三农"工作能力,进入农村基层后尽快成为年轻化、专业化与现代化的干事创业者,让大学生真正融得进、留得下、干得好,推进农村治理体系和治理能力现代化,实现乡村全面振兴。作风过硬需要强化全过程立德树人,确保进入农村基层工作的大学生能以"拼""抢""实"的状态和作风奋力求进,为浙江省省部共建乡村振兴示范省和共同富裕示范区建设贡献浙江农林大学的力量。据统计,自1996年以来的29年间,浙江农林大学农林经济管理专业师生足迹遍布长三角1600多个村、35000余户,撰写了500余万字、1600多篇"三农"相关实践调查报告。在实践中,师生服务"三农"意识和科技援农使命不断增强,一批批优秀学生脱颖而出,成为乡村全面振兴和共同富裕示范区建设铁军,在广大农村赢得了好口碑。

29年薪火相传，29年坚持不懈，浙江农林大学农林经济管理专业学子"走在乡间的小路上"，发现"三农"问题、分析"三农"问题和解决"三农"问题的能力持续提升，"三农"情怀和"一懂两爱三过硬"品质得到持续锤炼，坚定了大学生"为农服务"的理想信念，面向基层、走向农村、服务农业创新创业，为农业、农村发展和农民增收贡献力量。截至2024年，浙江农林大学农林经济管理学子在学科竞赛中获得国家级奖项40余项、省部级奖项100余项，获得国家级创新项目12项、省新苗人才计划项目25项，发表学术论文52篇，8位同学成为全国林科十佳优秀毕业生。农林经济管理专业校友、浙江省援藏指挥部办公室主任王建南表示：学校"三全育人"的理念与"走在乡间的小路上"的实践使他收获满满，"走千村、访万户、读'三农'"的实践让他印象深刻，对他后来选择从事"三农"工作，并热爱上"三农"工作产生很大影响。

（二）培养了高素质师资队伍

浙江农林大学农林经济管理专业师资队伍不断壮大，拥有国家"万人计划"哲学社会科学领军人才3人，教育部高等学校农业经济管理类专业教学指导委员会委员1人，浙江省省级各类人才和荣誉获得者20人次，其中浙江省中青年学科带头人3人、"之江青年社科学者"3人。以农林经济管理专业教师为骨干的团队，荣获"全国三八红旗集体""全国五一巾帼标兵岗"和"全省高校先进基层党组织"，连续四届获得"浙江省大学生乡村振兴创意大赛优秀组织奖"。

（三）获得了一系列思政建设项目

浙江农林大学农林经济管理专业教师树立了"课程思政"的理念，积极作为，为构建"生态育人、育生态人"体系和"走在乡间的小路上"实践育人品牌，形成了全员、全方位、全过程育人的合力。"经济管理类跨专业综合实训""管理学原理"等14门课程成为浙江省省级课程思政示范课程。"'经济学原理'课程思政教学体系的构建与实践"等5个项目，成为浙江省省级课程思政教学研究项目。"农林经济管理教学团队"等3个基层教学组织，成为第一批省级课程思政示范基层教学组织，助力经济管理学院成为学校课程思政示范学院。

（四）产出了一批学术成果

基于深耕29年的价值塑造实践与实地调查研究，农林经济管理专业建立了"三农"发展特色数据库。农林经济管理专业教师持续深化价值塑造，深耕专业领域科学研究、教书育人和社会服务，自新文科建设启动以来，获得纵向研究项目162项（含国家级38项，到位经费2430余万元）、横向研究项目114项（到位经费1630余万元）；发表学术论文295篇（含CSSCI 34篇、EI 8篇、SSCI 24篇、SCI 55篇）；出版专著43部；获得省部级一等奖1项、二等奖8项、三等奖5项；获得省部级以上领导批示41篇。

以农林经济管理师生为主编撰的浙江省"千村故事"系列丛书（共3卷11本），产生了广泛的社会影响；先后得到了人民网、浙江日报等20多家媒体的关注，其中，浙江日报曾以"一部乡村历史，记录大时代"为题进行了整版深度报道。永葆"三农"情怀不褪色，服务乡村振兴不停歇。农林经济管理专业"一主 双元 三维 四合"的实践育人创新二十载、农林经管新文科实践育人生态体系研究与探索、二十载走千村、访万户、读"三农"——"一体多翼"农经专业实践教学模式探索，均获得全国高等学校农业经济管理类本科教学改革与质量建设优秀成果奖一等奖。社会实践与学科竞赛相融合——提升学生学以致用能力的探索，获得全国高等学校农业经济管理类本科教学改革与质量建设优秀成果二等奖。新时代背景下农林经管实验教学中心实践育人生态体系研究与建构，获得浙江省高校实验室工作研究成果奖一等奖。"四新"背景下农林经济管理专业人才培养改革与实践，获得浙江农林大学高等教育教学成果奖特等奖。乡村振兴背景下农林经济管理人才"三维四化"培养体系探索与实践，二十载走千村、访万户、读"三农"——"一体多翼"农经专业实践教学模式探索，均获得浙江农林大学高等教育教学成果奖一等奖。

当前，农林经济管理专业正以国家一流本科专业建设为契机，以新文科建设为发力点，在坚持打造"走在乡间的小路上"特色实践育人品牌的同时，按照新文科、新农科建设总体要求，继续深入推进学科专业支部一体化改革，不断提升专业人才培养质量，为浙江省乃至全国实现乡村全面振兴、共同富裕和现代化建设事业培养更多知农爱农，有浓厚"三农"情怀的优秀人才。

第三节　知识重构行动

一、背景与意义

随着社会的发展和时代的变迁，知识的更新和人们的思维方式都经历了前所未有的变革，传统的文科教育和学科结构已经难以满足当前复杂多变的社会环境和人类对知识的需求。农林经济管理专业关注的领域不再局限于农业生产、管理和经济效益，更是涉及了生态、文化、社会和全球化等多方面内容。为应对新时代发展与挑战，培养适应未来社会需求变化的新型人才，新文科亟须进行知识重构。

（一）新文科知识重构是适应社会变革的需求

社会的发展与变革对文科教育知识提出了新的要求。伴随全球化和社会流动性的增强，人们的交往方式、工作模式和生活方式都发生了重大变化。这不仅产生了新的社会结构和社会问题，还对个体和集体的身份、价值观和行为模式产生了深远的影响。传统的文科知识结构往往基于一个固定和稳定的社会背景，难以全面解释新的社会现象、解决新的现实问题。新文科知识重构不仅是为了应对社会变革，还是为了让文科保持其在社会科学领域中的核心地位和影响力。

（二）新文科知识重构是适应技术变化的需求

新技术和媒体环境的变化对新文科知识体系的建构提出了新的挑战和要求。数字技术和新媒体技术的快速进步与广泛应用，正在深刻地改变着现代教育方式，给文科带来了巨大的挑战和机会。互联网和新媒体技术的迅速发展，正在深刻地影响着人们的思维方式以及知识的生产和传播方式。传统的线性、层级化的知识传播模式正在被打破，而多元、网络、交互的知识生产和交流方式逐渐成为主流。同时，新技术如大数据、人工智能等产生了大量的、新的社会数据和信息，这为文科研究提供了前所未有的资源和可能性。

（三）新文科知识重构是适应学科交叉融合的需求

学科交叉与融合对文科知识体系的重构提出了迫切的需求。新文科教育中，学科之间的边界越来越模糊，学科交叉、融合的现象越来越普遍。现代的社会问题往往涉及多个学科领域，需要多学科合作来解决。这不仅要求文科与其他学科进行交叉和融合，还要求文科内部的各个子学科能够形成一个统一和协调的知识体系。跨学科的教学模式能够产生更多的创新知识和研究视角，同时也要求文科知识体系应具有更高的开放性和灵活性。

（四）新文科知识重构是适应多元文化交流的需求

全球性的文化交流带来的深刻变革对文科知识体系重构提出了前所未有的挑战。新文科知识重构更重要的是要满足人们在多元文化环境中生活、交往和发展的实际需要。全球化背景下，传统的文化壁垒正在逐渐被打破，跨文化交往成为了常态，国与国之间、文化与文化之间的交流与互动空前加强。在多元文化的大背景下，任何一种文化都不能再自视为中心，每一种文化都需要被平等、客观地研究和对待。这就要求新文科具备跨文化的研究能力和视野，能够在对各种文化的研究中寻找共通性，同时又能深入挖掘其特殊性。

二、主要做法

依托农林院校特色优势，农林经济管理新文科不断强化与农学、工学、经济学、法学等学科交叉融合，加强大数据和人工智能等信息技术的应用。通过跨学科、跨学院交叉与融合，打造政校企多方协同的育人共同体，构筑"一体多翼"实践育人新载体，探索新文科求真实验班拔尖创新型和现代粮食产业学院复合交叉型人才培养模式；通过多任务集成，跨学科重构，建设具有引领性、先进性、交叉性、生态性和开放性等"五性"特征的新文科课程体系；通过校地联动，建立师资共享、课程共建、教材共编、人才共育的区域共建共享实践教学机制，打造农林特色鲜明的实践教学知识体系。

（一）以学科交叉促进知识的整合融通

浙江农林大学农林经济管理新文科以前沿的视野和务实的行动，对相关学科知识进行全面整合。为了更好地适应和推动知识整合，建立了现代粮食产业学院，对课程体系进行了创新、重构。

1. 开展跨学院跨学科合作

遵循"产业需求导向、知识宽广复合、实践能力过硬、综合素质全面、政产学研用协同育人"的原则，浙江农林大学经济管理学院、食品与健康学院、现代农学院、数学与计算机学院开展跨学科合作，促进知识整合。

在知识整合过程中，一是注重扎实的农林经济管理基本理论、专业技能和方法，掌握系统的经济管理基础理论知识，培养符合新时代国家战略需要的高素质人才。二是注重学生应具备现代分析工具的能力，以及认知社会、理解社会、建设社会的三大能力，学生应知悉国内外农林经济管理前沿发展与趋势变化，具备良好的实践应用、沟通协调和创新创业思维等能力。三是关注学生解决实际问题的能力，注重学生的科学素养、人文情怀和使命担当等综合素养的培养，养成终身学习和自主学习习惯，具有良好的思想品德、国际化视野和国际交流能力，以适应社会快速发展、变化的需要。

通过对知识的整合融通，学院鼓励学生在自己感兴趣的领域中进行深入学习和探索，增强学生的自主学习和探究能力。同时，面向产业需求，学院实行全链条订单式培养，实行"定向招生—定向培养—定向就业"的"三定"人才培养模式，使得课程体系与社会需求实现有效衔接。

2. 开设跨学科交叉融合课程

浙江农林大学农林经济管理新文科建设以农业全产业链为主线，以"四新"建设要求为基本遵循，对现有课程内容进行解构、优化、更新与重构，形成面向乡村全面振兴的"农林业生产与经营、农产品加工与流通、乡村发展与治理"三大模块化课程群，涵盖农学、林学、工学、管理学及法学等多个学科领域，搭建具有引领性、先进性、交叉性、生态性和开放性等"五性"特征的新文科课程体系。

新开设"粮食与农业生产"等6门"文+农"交叉课程，"食品加工与流通"等5门"文+工"交叉课程，"乡村治理与组织建设"等"文+文"融合课程，增设"大学写作""课说乡村振兴"等新文科通识课程，充分发挥新文科课程体系的引领作用，形成以"文+农""文+工""文+文"等多学科交叉融合为特色的农业全产业链课程体系。新开设的跨学科交叉融合课程涵盖不同学科的知识和理论，采用最新教育技术、前沿研究方法，实现了课程共建与共享，体现生态育人与育生态人的教育理念，确保了课程的先进性和生态性。学生需要在学习过程中进行独立思考和综合运用，培养跨学科的思维和解决问题的能力，增强对复杂问题的处理能力。

通过跨学科交叉融合课程的学习，有效地提高了学生的综合素质，提升了综合竞争能力。一方面，跨学科交叉融合课程鼓励学生在学科交叉的情境下进行学习和思考，打破了传统学科课程在特定知识方面的局限。学生在跨学科课程中共同学习和合作，促进了知识分享和经验交流，促进了不同学科知识之间的贯通。学生接触到更多来自不同领域的知识，了解不同学科之间的联系和相互影响，有效地拓宽了视野，培养起良好的创新意识和创新思维。另一方面，跨学科交叉融合课程解决了传统学科教育难以满足学生全面发展的需求问题。跨学科课程学习打破了传统学科界限，促进学科间的交流与合作，使学生在解决复杂问题时能够更加全面地思考和创新。通过系统而扎实的经济学、管理学的学习与训练，培养起学生良好的业务能力，丰富农村经济与社会发展基础理论和实践知识，提升区域经济与规划、发展管理与政策等实践基本技能，培养学生开阔的学术视野、扎实的理论基础和完备的专业知识。此外，跨学科交叉融合课程对于推进乡村全面振兴战略，加快实现农业农村现代化，以及数字化在国民经济中的深度发展均具有重要意义。学生在课程学习中，可以自主选择培养模式和创新实践训练，形成交叉、复合、个性化的知识结构和发展方向，获得懂"三农"业务、善于分析和解决复杂现实问题的能力，具备厚重品质、争先精神和人文素养。

（二）以教研一体促进知识的应用转化

在新文科知识重构行动中，浙江省乡村振兴研究院和浙江农林大学生态文明研究院秉持教研一体的理念，在知识的转化与应用中扮演着重要的角色。

1. 推动教育理念向教研一体化转变

以新文科建设为契机，浙江省乡村振兴研究院和浙江农林大学生态文明研究院不断加强新文科教育理论研究，丰富"科研—实践—教学"相结合的教研一体化理念，为知识转化与应用指明方向。此外，两个研究院还通过打造产学研基地，致力于推动实践教育改革，将教学与乡村振兴、生态文明两大战略相结合，让学生通过自身努力，在自主研究、创新实践中获取知识。为了更好地推动教育理念的转变，两个研究院立足省级智库平台，汇集高质量的研究和决策报告，为农林经济管理专业新文科教育的未来发展勾勒出一幅崭新的蓝图。

2. 高度重视科研成果转化为教学实践

在新文科建设中，浙江省乡村振兴研究院、浙江农林大学生态文明研究院等平台与产业界建立了紧密的联系，将科学研究的成果与新文科教学相结合，推动科技成果转化为实际的教学产品和服务，提高了新文科教学应用水平。通过集结不同学科领域的专家，研究院实现了不同学科之间的交流与合作,促进了跨学科研究和教育教学的发展。与此同时,为了更好地服务新文科教育,两个研究院还积极探索和创新教学方法和手段,积极开展在线教育和文科实验室建设,如采用WebGL技术将家庭农场经营搬进课堂,打造了"种植业家庭农场经营决策虚拟仿真实验"国家级一流本科课程。同时,结合乡村振兴实践,还打造了"调查研究方法与实践"和"林业经济学"等国家级一流本科课程,以及"课说乡村振兴"和"生态经济学"等省级线上课程,将研究成果及时转化为教学案例,不断丰富学生体验和提高教学质量。

3. 构建本硕博联动的人才培养机制

为了培养出既有创新能力又有实践能力的人才,浙江农林大学经济管理学院与浙江省乡村振兴研究院和浙江农林大学生态文明研究院开展院院合作,构建了完整的人才培养体系,实现学院与研究院协同人才培养,涵盖从学士、硕士、博士到博士后的完整培养过程。在知识应用转化过程中,实现博士后专职教研、博士带硕士、硕士带本科的良性循环。此外,研究院还积极与国际高校合作,与多家国外知名研究机构和教育机构建立合作关系,如密歇根州立大学、加州大学伯克利分校、奥本大学等,共同探讨农林研究前沿和本硕博一体化人才培养合作机制,不断提高人才的国际化水平。

(三)以能力建设促进知识的组织管理

在知识的组织管理中,能力建设显得尤为关键。只有当个体和组织具备了相应的能力,才能有效地对知识进行组织与管理,从而实现知识的最大价值。在浙江农林大学新文科建设中,通过不断提高学生知识构建和创新能力,以及教师专业能力,极大地提高了知识的组织管理效能。

1. 注重培养学生的知识构建和创新能力

一是培养学生的批判性思维能力,鼓励学生通过批判性思维来分析和理解不同学科的知识和观点,帮助学生更全面、深入地分析解决问题,构建自己的知识体系。二是按照"两性一度"和课程建设要求,在跨学科研究项目中融入学科前沿知识,引导学生进行跨学科研究,促使学生从多学科角度来探索问题，更好地理解不同学科之间的联系，构建综合、全面的知识体系。三是给予学生自主选题、自主研究的空间，提供多样化的学习机会，鼓励学生参加各种形式的课堂活动、讨论辩论和社会实践，以期提高学生主动构建新知识的能力。四是推进通识教育改革创新，加强语言文字和艺术表达培养，开展基于表达形式的人文科学研究，利用著述体式、媒介方式和技艺形式等多种方式来提升学生的表达能力。

2. 加强师资队伍和教师专业能力建设

新文科建设对教师角色转变和教学能力都提出了新的要求，为适应教学观念转变，需要不断加强师资队伍和教师专业能力建设。一是打破学科壁垒，建立合作共享机制，鼓励不同学科教师之间开展合作与交流，提高教师跨学科知识储备和多学科知识整合能力，提高教师的学科素养。二是完善教学方案，鼓励教师进行探索和创新，促进教师不断学习新知识、掌握新技能，提高专业教学水平，以适应新文科的教学需求。三是建立跨学院的教学团队，提高教师跨学科课程设计和教学能力，形成多学科交叉融合发展的专业化教学团队，提升新文科教学质量。四是培养教师引领能力，带领学生进行跨学科、创新性的探索性学习，使教师真正成为学生的引路人。五是重视实践类师资队伍的聘任和管理，推进"双师型"师资队伍建设，营造远来近悦的师资发展环境，为新文科教学提供良好的发展空间，提高实践教学质量。

（四）以求真实验班促进知识的创新优化

新文科知识重构需要知识的创新优化。浙江农林大学新文科求真实验班是对农林经济管理专业的补充与扩展，实验班的开设旨在拓展文科教育的边界，通过实践探索促进知识的创新与优化，培养既具备人文情怀又有现代技能的复合创新型文科人才。

1. 开设新文科求真实验班

为更好地服务于乡村全面振兴和生态文明现代化等战略实施，培养具有"宽广国际视野、深厚理论基础、创新发展能力"的"三农"领域创新型领军人才，浙江农林大学于2019年开设新文科求真实验班。

新文科求真实验班是响应国家高等教育"双一流"发展战略,深化卓越人才培养改革,推进高水平大学建设的重要举措,是举全校之力倾心打造的拔尖创新人才培养试验区、创新创业教育改革先行区和本科教育国际合作示范区。新文科求真实验班特色在于立德树人,以"宽厚基础、差异教育、融通国际"为指导思想,创新培养模式、优化课程体系,采用多种教学手段,强化学生批判性思维和学术创新能力的培养。

新文科求真实验班的开设为培养基础宽厚,掌握人文社会科学领域相关技术、扎实的基础理论和技能,有志于继续深造和从事人文社会科学等相关专业或领域科研工作的拔尖创新型人才奠定了坚实基础。

2. 创新人才培养模式

完善的培养模式不仅可以为学生提供获得知识的最佳路径,还可以提供一个自主发展、创新发展的良好环境,从而有效促进知识的创新优化。新文科求真实验班在培养模式上开展了系列探索。一是整合现有教育资源,组建师资团队,强化数理化、信息、技术、学术英语和大学写作等学科基础教育,引导学生自主选择主修专业,并注重学生自主探究知识能力的培养。二是整合不同学科的优势,建立跨学科的专业课程体系,鼓励学生在学习过程中尝试创新和跨界,以期培养学生的综合素质和批判性思维能力,进而实现更全面、更深入的知识学习和知识创新能力培养。三是开展"问题导向"式教学,根据学生的实际情况和学习需求,引导学生探究问题、解决问题,促进学生自主学习和独立思考能力的发展。四是强化实践教学,培养学生的创新能力和实践能力,提高学生对知识的理解和应用能力。五是建立协作学习机制,培养小组内合作意识,提高学生的团队合作能力和创新能力。六是制定相应素质标准,提升学生的政治思想素质、身体心理素质、科学文化素质和劳动审美素质。

3. 实施个性定制式教学

新文科求真实验班实行4年全程导师制和个性化培养,全程、全员实行小班化,以研讨式和项目式教学为主。实验班的核心课程包括学科前沿、宪法学、微观经济学、管理学、社会科学研究方法等。学制为4年,实行弹性学制,学习年限3~6年。专业教育实行完全学分制,学生需选修至少 38 学分。第三学期，学生在导师指导下确定学科基础选修课程和专业选修课程。

制定《浙江农林大学求真实验班学生个性化修读方案》。毕业所需最低学分为 145 学分，其中课内教育学分为 132.5 学分，课外教育学分为 12.5 学分。课外学分认定执行《浙江农林大学求真实验班课外学分管理办法》，包含 3.5 个思政类学分、3 个创新创业类学分、2 个国际化教育学分、2 个军训学分、1 个劳动教育学分、1 个成长教育学分。

个性化教学是知识创新的源泉，关注学生的个体差异，充分考虑他们的兴趣、特长、学习风格和背景，为每位学生提供独特的、量身定制的学习体验，以最大限度地挖掘其潜在的学习能力和创新才华。个性化教学不仅可以充分发挥学生的潜能，还为重构新文科知识体系注入了新的活力。

（五）以小微专业促进知识的更新扩展

为更好地适应数字技术的发展，应对乡村振兴战略的人才需求，浙江农林大学农林经济管理新文科建设特别开设了数字农经和智慧农业两个微专业。这两个微专业不仅深化了新文科的教学改革，有效促进了知识的更新扩展，更是响应了国家战略，为农业强国建设培育一批既懂经济又懂技术的复合型人才。

1. 开设数字农经微专业

数字农经微专业是对传统农林经济管理专业的升级和改造，在教学上注重"两性一度"，体现了文、工、农等学科的交叉与融合，旨在培养具备数字化技术和农业经济知识的专业人才，为乡村振兴提供人才支持。

数字农经微专业按课程分设 5 个独立教学团队，每个团队有 1 名课程组组长和 5~8 名团队成员。课程组组长为领域知名专家，团队成员包括知名教授、行业专家、骨干教师和技术服务人员，他们均拥有丰富实践教学经验。教学团队实行组长负责制，由组长确定教学成员，按照专业培养方案和育人大纲下达教学任务，完成教学考核。教学效果将根据数字农经微专业整体建设情况和课程评教综合评价。

数字农经微专业自2023年秋学期开始面向全校本科生招生，学制为2年，共4个学期，包含5门课程，共10个学分。专业课程涵盖现代林业经济学、数字农业（智慧农业）、农业大数据分析与应用、碳汇经济与政策以及课说乡村振兴。这些课程由经济管理学院、现代农学院、数学与计算机科学学院的知名教授联合打造，体现了文、工、农多学科跨专业融合。

教学方式为线上线下混合式，以线上教学为主，线上课程占比67.5%。课程考核采用考查方式，学生需完成线上学习和相应的学习任务。学生结合自身学业情况自主选修课程，在毕业前完成规定课程的10学分，并颁发数字农经微专业证书。

数字农经微专业教学档案按照学院和学校要求统一管理。专业每年至少召开一次教研活动。教学团队每学期定期开展不少于一次教研活动，讨论课程建设、教材建设、教改项目、教学论文等事宜。

2. 开设智慧农业微专业

随着互联网、物联网、大数据、云计算、区块链、人工智能、智能装备和5G等先进信息技术的发展，农业生产进入了"智慧化4.0时代"。智慧农业是现代信息、工程、遥感技术与农业生产相融合的产物，实现了对农业生产过程中全部要素的智能感知、信息提取、定量决策、智能控制、精准运行和科学管理。智慧农业微专业的开设为农林经济管理专业学生打开了农业前沿技术大门。

智慧农业微专业面向浙江农林大学非农业类专业各年级本科生开设，由"智慧农业导论""数说农业""农业机器人""智慧植保技术""生物信息学"等五门线上课程组成。智慧农业微专业依托浙江农林大学现代农学院、光机电工程学院、数学与计算机科学学院、环境与资源学院等院系建设，师资团队均来自于上述院系。教学内容充分体现了新农科建设倡导的学科交叉融合，具有前沿性、交叉性、应用性突出的特色。

微专业作为一种灵活高效的学习模式，满足了学生对前沿知识学习的需求。学生可以根据自身兴趣和职业规划，灵活选择学习内容，拓展专业领域，提升就业竞争力。微专业的开设为学生提供了更多学习机会，帮助他们更好地适应社会发展的需要，实现个人价值和社会价值的有机结合。

三、存在的不足

知识重构是一个复杂的过程，涉及对已有知识的重新组织和整合，以适应新的学习或应用需求。在知识重构行动中，浙江农林大学农林经济管理新文科建设也存在一些不足，面临诸多挑战。

（一）对知识的有效性整合不足

在当代的知识社会中，信息和知识以前所未有的速度被传播和积累，为教学提供了丰富而广泛的认知资源。但知识的碎片化和分散性，也逐渐成为知识有效整合的一大难题。碎片化和分散性的知识，可能导致新文科教学中遗漏或误解某些关键信息，从而做出不完全或错误的判断。此外，碎片化的知识在整合时可能会出现重叠或矛盾，将其统一到同一个认知框架下是具有挑战性的。

新文科知识重构中，知识的深度与广度之间如何权衡成为了教育者、研究者甚至是学生自身所面临的一个核心问题，也是知识有效整合的一大障碍。过于追求知识广度的结果往往是导致知识的专业性不够，同样，过于深入的学科知识可能会使学生陷入学科的"孤岛"，难以让本学科知识与其他学科或领域的知识进行有效连接，从而限制了其跨学科或创新性的思考。

（二）对知识的体系化建设不足

与传统科学领域不同，新文科知识不容易按照严格的自然科学分类标准进行划分，因其涵盖了更为广泛的主题和领域，包括社会科学、人文学科、艺术、文化等，这种跨学科性质使得难以确定一个明确的分类标准。此外，新文科知识的不断演进和交叉融合也增加了分类的难度。

在新文科知识重构中，跨学科的框架体系也是阻碍知识整合和创新的一大挑战。传统的学科框架通常由长期积累的理论、方法论和研究范式构建而成，知识体系往往相对完善。但在新文科建设中，新的知识体系尚未完全形成，传统框架往往不再适用，在一定程度上限制了学科之间的交流和合作，导致在教育过程中学生难以形成系统的知识结构，学科交叉的优势难以完全发挥。

（三）对知识的管理与维护不足

知识的管理与维护是知识生态系统中不可或缺的一部分，对于新文科建设同样至关重要。在新文科建设过程中，知识的重构需要一个有效的管理和维护机制，然而，当前对知识管理与维护的不足妨碍了新文科知识的有序更新和应用。

究其原因，主要在于缺少专业的知识管理人才、知识管理和维护的成本高，以及缺乏有效的管护制度。缺少专业的知识管护人才会导致知识碎片化，难以形成系统性的知识框架，使新文科知识的传播和应用受到制约。知识管理和维护所需的资金、时间和人力成本高，使得知识管理和维护的可持续性下降。同样，缺乏有效的管护制度使得知识管理和维护的效能下降。

（四）对知识的评价与反馈不足

评价标准不清晰可能导致知识的重要性无法被准确评估，从而影响知识的传播和应用。随着经济、社会、文化的快速发展，新文科领域的知识处于不断演进和更迭之中，而评价标准未能与知识的演进同步更新。采用传统的静态的评价标准可能导致一些有价值的新知识被忽视，旧有的评价标准难以适应知识的动态性，缺乏动态的评价标准将限制新文科知识的应用。

反馈机制的不健全会对知识的生成和发展产生较为严重的负面影响。当新文科知识重构中缺乏有效的反馈机制时，将使得知识生产者、传播者无法获得及时的反馈和建议，导致知识的质量无法得到提高，限制了知识的创新和发展。当知识生产者无法获得来自学生、同行、专家和社会的反馈时，将会弱化知识创作者的积极性和创造力，造成知识生产的停滞。

第四节 实践提升行动

一、以全产业链能力提升为导向,创建现代粮食产业学院

为加速打造现代粮油生产、储检、高值化利用和经营管理等粮食全产业链学科专业群,促进多方协同、三产贯通、学科交叉与专业融合,形成"政产学研用"协同育人共同体,实现"本—硕—博"粮食全产业链人才培养一体化,全面提升人才服务粮食安全、健康中国、乡村振兴和共同富裕等发展战略的能力,浙江农林大学以农林经济管理、食品科学与工程、作物学等重点学科为主要依托,汇聚了农林经济管理、作物学、食品科学与工程等学科的硕博点,农林经济管理、农学、计算机科学与技术等国家级一流本科专业,联合浙江省储备粮管理有限公司、浙江省粮食集团有限公司及浙江省粮食干部学校等企事业单位,共同成立现代粮食产业学院。

(一)构筑协同育人共同体

根据《教育部 工业和信息化部 中国工程院关于加快建设发展新工科实施卓越工程师教育培养计划 2.0 的意见》及《现代产业学院建设指南(试行)》等文件精神,浙江农林大学出台《浙江农林大学现代产业学院建设管理办法》,制定《现代粮食产业学院人事管理办法》和《现代粮食产业学院经费使用办法》等制度办法,为现代粮食产业学院的组建提供较为完善的制度保障。2020 年 8 月现代粮食产业学院被批准挂牌独立运行,并被纳入学校"十四五"规划和 2035 远景目标重点建设。投入专项资金新建现代粮食产业学院大楼,为现代粮食产业学院的成立提供基础条件保障。成立现代粮食产业学院建设领导小组、决策咨询委员会、理事会、教学指导委员会、产学研合作委员会、产业学院发展委员会等协作组织,完

善人事、财务、资源配置、岗位设置及考核评价等制度，为现代粮食产业学院的建设提供组织制度保障。组建现代粮食产业学院管理团队，共建师资、共建课程、共建基地、共同开展项目研究和产业指导，共享人才、共享资源、共享技术与平台，为现代粮食产业学院的运行提供长效机制保障。综上可见，现代粮食产业学院从政策制度、基础条件、组织机构和运行机制等4个方面，为"政产学研用"协同育人共同体的构筑提供了全面保障。

（二）组建"双师双能"型师资队伍

浙江农林大学与浙江省粮食干部学校、浙江省储备粮管理有限公司、浙江省粮食集团有限公司，以及浙江省粮油产品质量检测中心等多家单位合作，面向粮油储检、粮油智能化加工、储粮信息化、粮油经济等领域，组建起了一支由专业教师、行业精英、企业高管等人员构成的优势互补、结构合理的"双师双能"型师资队伍。

建立校企师资共享与共培机制。浙江农林大学与浙江省粮食和物资储备局建立合作，选派粮油博士入驻浙江省粮食和物资储备局；与国家粮食和物资储备局科学研究院以及省、区、市各级粮油储运和加工企业开展合作，联合开展科技攻关与人才培养；与浙江省粮食干部学校、浙江省粮油产品质量检测中心合作，联合开展"粮油保管员""粮油储运员""农产品质量检测员"等技术培训；加强青年教师培养，组织新教师研习营、实施青年教师助讲培养，开设专家讲坛、示范观摩课、教学沙龙及教学比赛等活动；重视教学名师培育，加强教学项目、教学改革、教学成果的示范引领，有计划、分层次选拔培育校级、省级和国家级教学名师。

（三）打造粮食全产业链专业群

依托农林经济管理、食品科学与工程、作物学等3个一级学科，农林经济管理、木本粮油、作物学等3个博士点，计算机科学与技术、食品科学与工程等2个学术硕士点，农业管理、食品加工与安全、农业工程与信息技术、种业等4个专业硕士点，以及农林经济管理、农学、计算机科学与技术等3个国家级一流本科专业，食品科学与工程省级一流本科专业，以及食品科学与工程、农学 2 个教育部卓越农林人才培养计划专业等学科专业平台；以浙江省粮油产品质量检测中心、浙江省农产品品质改良技术研究重点实验室、浙江省山区农业绿色高效生产协同创新中心、浙江省乡村振兴研究院、浙江农林大学生态文明研究院、浙江省经济管理类重点建设实验教学示范中心等平台支撑；通过跨界、跨学院、跨学科、跨领域的整合方式，以国家粮食战略需求为驱动，打造由国家"万人"计划人才、新世纪百千万人才、浙江省创新领军人才、浙江省教学名师等领衔的，涵盖现代粮油生产、智能化储检、高值化利用和现代经营管理等领域的粮食全产业链专业群。

（四）共建产学研用实践平台

与浙江省储备粮管理有限公司、浙江省粮食干部学校，以及各粮食收储相关公司等单位共建实习实训基地，"浙江农林大学勿忘农校外实践教育基地"获得 2014 年省级大学生校外实践教育基地，"浙江农林大学—省粮食局直属库实践教育基地"获得浙江省教育厅"十三五"省级大学生校外实践教育基地；同时，与各类粮油相关企业通过项目制、企业导师制等多种方式，共建了"粮食种植基地＋粮库＋粮油企业＋粮油检测中心＋粮油市场"全产业链协同实习实训基地；共建一体化实践实训与科技创新平台，建设浙江农林大学粮油实验教学示范中心（含基础实验室、粮油储藏实验室、粮油检测实验室、粮食经济学研究室、粮食信息化实验室、粮油高值化利用实验室等）、浙江省农产品品质改良技术研究重点实验室、浙江省山区农业绿色高效生产协同创新中心。

（五）创新人才培养模式

围绕产业人才需求，"现代粮油产业学院—地方政府—用人单位"三方共同制订专业建设方案，共建专业师资队伍、实践教学基地、课程与教材，实行定向招生、定向培养、定向就业"三定"育人。自 2012 年起，农林经济管理、农学基层农技人员定向招生，毕业学生全部进入乡镇农技站。以人才培养供给侧与粮食产业需求侧的无缝对接为导向，"现代粮食产业学院—地方政府—用人单位"三方协同构建"3123"递进式人才培养方案，即 3 年校内学习，1 年共建单位实践，实施校内与校外双导师制，3 个暑期校外实习。与粮食生产过程和产业需求对接、融合，开展"浸润式"实践教学。入驻乡村和粮食产业基地，进入真场景，分配真岗位，开展真实践，推进德智体美劳"五育并举"。学生在导师带领下，扎根乡村和粮食产业基地，与基地技术人员、农民同生活、同工作，体验、感悟粮食产业实际；围绕粮食产业现实问题，推进"实践＋学习、实践＋科研、实践＋生活"，磨炼学生意志，培育乡村情感。

二、以乡村工作能力提升为导向，创建"百村工程"实践教学基地群

2019 年 9 月习近平总书记在给全国涉农高校的书记校长和专家代表的回信中指出："中国现代化离不开农业农村现代化，农业农村现代化关键在科技、在人才。新时代，农村是充满希望的田野，是干事创业的广阔舞台，我国高等农林教育大有可为。希望你们继续以立德树人为根本，以强农兴农为己任，拿出更多科技成果，培养更多知农爱农新型人才，为推进农业农村现代化、确保国家粮食安全、提高亿万农民生活水平和思想道德素质、促进山水林田湖草系统治理，为打赢脱贫攻坚战、推进乡村全面振兴不断作出新的更大的贡献。"为贯彻落实习近平总书记回信的重要指示精神，铭记习近平总书记对全国涉农高校的深情嘱托与殷切期望，进一步推进浙江省新农科建设持续做实做深做强，推进浙江未来宜居宜业和美乡村建设，培养更多知农爱农为农的新型人才，浙江省乡村振兴研究院与浙江省新农科教育联盟共同发起，成立新农科教育"育人共同体"——浙江省大学生未来乡村联合实践教育基地，旨在打造"百村工程"实践教学基地群。浙江农林大学农林经济管理学科作为浙江省乡村振兴研究院的主要学科和服务乡村全面振兴的主要支撑学科，农林经济管理专业在培养乡村全面振兴所需人才上具有不可或缺的重要地位，建设"百村工程"实践教学基地群是切实提升人才乡村工作能力的重要实践平台，可为乡村全面振兴人才培养提供强而有力的可靠支撑。

（一）促进新农科与新文科交叉融合

农林经济管理专业以农业、林业、经济学与管理学学科为主要支撑，是传统涉农的文科专业，天然具有农科与文科交叉、复合的特征与特性。因此，在新农科与新文科兴起的背景下，农林经济管理专业必将走向新农科与新文科融合发展之路。新农科与新文科的融合建设，以服务乡村振兴、美丽中国和文化强国等国家战略为使命，利用现代信息技术来改造、提升传统专业，布局适应新产业、新业态、新模式发展需要的新兴特色专业，推进农科与文科、理科、工科等深度交叉与融合，开展课程体系、实践教学、协同育人等方面的改革，建设区域共建共享实践教学基地，加强农科教合作与产学研协同，着力提升学生的综合实践能力、实际生产技能和经营管理能力，培养一批具有跨学科素养、整合实践能力和多元创新思维的复合应用型农林经管人才，以及一批爱农业、懂技术、善经营的实用技能型农林经管人才。

（二）构筑新农科与新文科协同育人共同体

浙江农林大学农林经济管理专业作为浙江省乡村振兴研究院的主要支撑专业，其师资团队和科研成果深度融合于浙江省乡村振兴研究院开展的业务之中，对农村改革与城乡融合发展、生态文明与美丽乡村建设、农林经济与乡村产业发展、农村文化与乡村社会治理、教育评价与乡村教育发展等研究实践工作起到了重要支撑作用，有助于促进农林经济管理新文科与浙江省新农科教育联盟的深度融合与合作。2020年10月，浙江农林大学联合20余所高校发起成立浙江省新农科教育联盟，以深化各成员单位之间的合作交流，实现优势的互补互促、资源的共建共享，培养出更多强农兴农、全面发展的时代新人，推进浙江省"新农科"建设持续做实做深做强，为地方高校新农科教育发展发挥"重要窗口"的作用，提供浙江样板。在此背景下，浙江省新农科教育联盟和浙江省乡村振兴研究院联合发起，与浙江省高校和100个浙江未来和美乡村共同成立浙江省新农科教育"育人共同体"，旨在促进高等院校与未来乡村、人才培养与科学研究紧密互动、优势互补、资源共享，围绕新农科教育倾力打造省域协同育人共同体。可见，农林经济管理新文科可有效融入浙江省新农科教育育人共同体，进而共建浙江农林大学新文科与新农科协同育人共同体。

（三）打造"百村工程"实践教学基地群

为着力提升学生的综合实践能力和现代职业农民素养，农林经济管理新文科亟须构建校内与校外协同联动的实践教学平台，建设区域性共建共享的常设固定乡村实践教学基地，旨在打造一个一流的乡村实践教学基地群，服务于新时代农林经管人才"三农"情怀培养和乡村工作能力锻炼。鉴于此，浙江省新农科教育"育人共同体"联合浙江省乡村振兴研究院发起"百村工程"实践教学基地群创建，旨在打造区域特色鲜明的新农科与新文科联合实践教学基地群，为大学生开展实习实践、社会调查、未来乡村规划设计、科技下乡、乡村治理、生态文明传播、志愿服务等提供施展才华的舞台，以期助力农林经管人才培养和乡村全面振兴，提升乡村治理效能，建设宜居宜业和美乡村。

"百村工程"实践教学基地群的建立，一方面，为大学生的"三农"实践提供了平台。有助于增进他们对农村经济、社会和文化的了解，对农业知识、技术和产业的认识，对农民生产、生活和情感的认同。另一方面，为农业农村的创新发展搭建起了联系的桥梁。经由此平台，高校与农村可建立起紧密的联系，专业人才与农民可建立起交流的渠道，进而促进知识、技术和人才在"三农"领域的顺畅流通，推动乡村振兴和农业可持续发展。当前，"百村工程"实践教学基地建设已覆盖了杭州、宁波、绍兴、金华、嘉兴、湖州、衢州、丽水等浙江8市16县（区），后续还将不断拓展、持续推进。

三、以跨界创新能力提升为导向，实施"学科竞赛进课堂"工程

为着力培养"德智体美劳"全面发展的具有生态文明意识、创新精神和创业意识的高素质一流本科人才和现代农林业的未来领军者，浙江农林大学制订了开发与建设一批革命性创新课程的计划，其中包括学科前沿

课、本硕贯通课、跨学科专业课及学术创新课等,力图打造兼具农林特色的"五类金课",而"学科竞赛进课堂"正是实施该项计划的路径之一。

农林经济管理专业作为传统涉农文科专业,长期聚焦于"三农"问题、农业政策及市场机制等方面的管理与研究,旨在为各级政府涉农部门、涉农企事业单位以及相关教学研究机构等培养并输送高素质专门人才,是提供乡村全面振兴和农业农村现代化人才支撑的重要力量之一。随着世界百年未有之大变局加速演进,新一轮科技革命与产业变革深入发展,以及全面建设中国特色社会主义现代化进程加速,新时代"三农"工作背景与情境已经发生了深刻变化,对农林经管人才的培养提出了新的更高要求。鉴于此,浙江农林大学农林经济管理专业实施"学科竞赛进课堂"工程,以期打造一批实践创新金课,为学生跨界整合能力、多元创新能力和综合实践能力的提升提供支撑。

(一)重构农林经管人才核心素养

面对乡村全面振兴、生态文明现代化建设等"三农"战略变化和新一轮科技革命与产业变革现实的严峻挑战,传统规格标准的农林经管人才已然无法适应时代变化和社会需求,高校亟须重构农林经管人才的核心素养,以提升农林经管人才跨界创新的思维、能力与素质。农林经管人才核心素养指的是新时代大学生为适应我国农林业现代化快速发展,以及21世纪经济社会急剧变革所必需的关键素养。它融合了基础学科和农林经济管理学科的知识、技能与经验等综合能力,既是解决复杂多变、不可预测情境问题的高级能力,又是肩负"三农"发展使命并成长为"四有"(即:思想上有"德行"、行动上有"才学"、心底里有"根基"、胸襟中有"格局")时代新人所需的人性能力;基于经济学、管理学等学科基本理论和相关农林学科基础知识之上,形成并发展于中国"三农"实践,是对复杂农林经济管理情境的深刻体验、反思和理解,可迁移并作用于未来职业变化和社会经济发展等任何情境的处理;与国家现代化、人的现代化以及21世纪发展相联系,不仅具有民主法治、科学理性、自主乐观、进取创新的现代人的精神气质,而且具备数字素养、公民素养、学会学习素养、科学技术素养、创新创业素养等 21 世纪所需的关键素养。

据上分析，农林经管人才核心素养可分为两个大类六个维度（如图 4-8 所示）。第一大类是学科素养（A）：与学科领域相关的核心素养。它下设基础学科领域（A_1）和农林经济管理学科（A_2）2 个维度。基础学科领域（A_1）含语言素养（A_{11}）、数学素养（A_{12}）、科学与技术素养（A_{13}）、数字与信息素养（A_{14}）4 个指标。农林经济管理学科（A_2）含社会经济调查与分析能力（A_{21}）、"三农"问题分析与研究能力（A_{22}）、"三农"综合实践与问题解决能力（A_{23}）3 个指标。第二大类是跨学科素养（B）：跨越学科或可迁移的素养。它下设个人成长（B_1）、人性能力（B_2）、社会性发展（B_3）和高阶认知（B_4）4 个维度，每个维度均下设有 2 个指标。其中，个人成长（B_1）含运动与健康素养（B_{11}）、终身学习能力（B_{12}）；人性能力（B_2）含知农、爱农与"三农"情怀（B_{21}）和公民意识、精神气质与社会责任（B_{22}）；社会性发展（B_3）含沟通与表达能力（B_{31}）、团队合作与组织协调能力（B_{32}）；高阶认知（B_4）含创造性思维与创新创业能力（B_{41}）、批判性思维与思辨能力（B_{42}）。而核心素养中的"跨学科素养"指的是农林经管人才跨界创新能力。

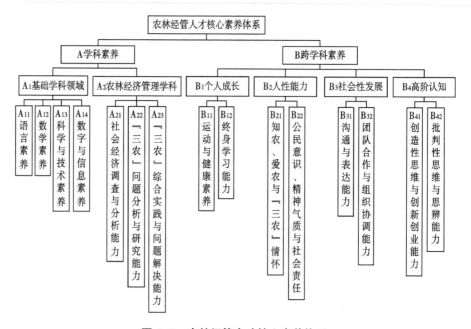

图 4-8　农林经管人才核心素养体系

（二）以点带面推进"学科竞赛进课堂"工程

以农林经管人才跨界创新能力为导向，农林经济管理专业通过采取以点带面的方式有效推进"学科竞赛进课堂"工程的实施。2020年，为更好地加强学生"三农"情怀培养，提升学生跨界整合与实践创新能力，农林经济管理专业将浙江省大学生乡村振兴创意大赛引入课堂教学，新建"乡村振兴调研与案例分析"课程，并将其作为专业选修课纳入专业人才培养方案之中，于第四学期开课。2022年，该课程进一步变更、升级为专业必修课。下面以"乡村振兴调研与案例分析"课程为例，阐述"学科竞赛进课堂"工程的具体实施情况。

其一，课程关注的问题。该课程主要关注学生参加学科竞赛热情有余而理论知识储备不足；学生社会实践能力不足，实践零散化严重，实践效果参差不齐；学生社会实践过程监控不足，考核形式单一，缺乏过程性考核等问题。

其二，课程实施的目标。帮助学生提升沟通协调能力、思辨能力、写作能力和团队协作能力；培养学生创新素养、科学素养、"肯干、实干、能干"的学校"三干"品质，以及懂农业、爱农村、爱农民和服务"三农"的情怀。

其三，课程设计与实施。课程分设10个专题48个学时；组建课程教学团队，采用课程组协同教学；教学采用"理论＋实例＋实践"的混合方式进行；课程采用小组"作品＋汇报"的考核形式。

其四，课程资源与成效。课程已累计完成申报书300多份；案例文本600多份，其中获省级金奖20余份、银奖30份、铜奖20余份；精品案例选编3部、视频资源100多分钟。课程深受师生及同行好评，已被认定为浙江省社会实践一流课程。

第五章

农林经济管理新文科建设保障

第一节 建立"学科—专业—支部"三位一体组织体系

一、浙江农林大学的学科制

早期,学者们对于学科的探讨,都是限于从学科性质和知识增长的相关关系出发,对学科的原本概念进行解释和说明。例如,宣勇提出过学科的两种形态,即知识形态和组织形态。他认为学科不仅是一种知识的分类,同时也可以看作是一种劳动的组织形式。作为劳动组织形式的学科存在是"形而下"的,是一个由学者、知识信息以及学术物质资料所组成的实体化了的组织体系。

浙江农林大学(原名浙江林学院)于 2004 年起开始实施学科制,采用实体形态的劳动组织形式设置学科。具体措施为,撤销教研室,依据学校的整体规划和发展现状,在全校设立 39 个实体形态学科。每个学科均设置学科负责人,该负责人负责学科的全过程建设。这里的学科建设涵盖了学科研究方向的提炼、研究团队的建设、科学研究等多个方面,本科专业建设和管理则由专业负责人负责。在学科负责人职责中,没有明确规定其职责包括本科专业建设与管理,学科负责人拥有学科资源分配主导权。然而,在学科评价过程中,因评价对象对本科教育功能认识不到位,导致人才培养质量评价指标未在其中得到充分体现,从而使得本科教育及专业建设不受重视,弱化趋势日益严重。

二、"学科—专业—支部"三位一体组织体系

（一）学科与专业的逻辑关系

学科与专业的关系是一个复杂且多元化的问题，不同的理论和研究视角可能存在差异和争议，这些差异和争议具体取决于不同学校、学科领域、专业设置和实际需求等因素。在研究学科和专业关系时，需要综合考虑相关理论和实践，并结合具体情况进行分析和论述。布尔迪厄认为，学科是一个相对独立的知识领域，由一组具有共同知识和方法的学者组成；而专业则是学科的一部分，是在学科范畴内进行特定实践和应用的。波尔尼亚认为学科是一个生态系统，由学者、实践者、学生和其他相关人员组成；专业是学科生态系统中的一个元素，是在特定社会和文化背景下产生的。真纳认为学科是一种社会构建，不仅是知识的集合，还是一个历史、文化、政治和社会力量的综合体现；专业是学科的一种组织形式，通过专业化的教育和实践活动来传承和发展学科知识。可见，不同学者都认为专业是内含于学科的，不可将专业与学科割裂开来。学科和专业之间是相互作用、相互依存的，主张学科生态系统需要保持动态平衡，以实现知识的协同和创新，进而促进知识的交流和共享。

学科是一定范围内的知识体系，而专业则是学科内的学科分支或应用领域。学科是专业发展的基础，而专业是学科应用的体现。一种观点认为，学科和专业之间是相互依存、相互促进的关系。学科的发展为各专业提供了理论和方法论的支撑，而专业则产生了学科内应用和实践的成果。另一种观点认为，学科与专业之间存在交叉融合的关系。这种学科交叉融合是指不同学科之间的相互影响与渗透，通过跨学科的合作与整合，形成新的学科领域和专业方向。交叉学科之间的专业化发展和专门化发展相互影响，既有学科专业的深化，又有新学科专业的涌现。基于学科与专业的关系，专业有学科导向型专业与问题导向型专业之分。学科导向型专业是以学科为基础的专业发展模式，通过学科内的知识传授和研究培养学生；而问题导向型专业则强调对实际问题的解决能力和创新能力的培养，以解决现实问题为导向，跨学科合作进行问题解决。

(二)"学科—专业"一体化理论依据

知识形态的学科自然是内含专业的。由于长期以来多数高校对学科的理解主要停留在知识形态层面,专业建设与管理通常以"学系"为实体形式展开。当学科实行实体管理后,专业建设与管理自然被排除在学科管理体系之外。鉴于此,"学科—专业"一体化管理模式的理论依据,主要是统一领导体制、整合资源优势、推动学科交叉与融合以及促进人才综合素质培养等,旨在提高教育质量、推动学科和专业的发展,以及培养具备综合素质的人才。

1. 统一领导体制

"学科—专业"一体化管理模式将学科和专业纳入同一个管理层级,在组织结构上实现了统一的领导体制。这样可以保证学科和专业负责人具有更大的权力和责任,能够更好地推动学科和专业协同发展、一体化发展。

2. 整合资源优势

"学科—专业"一体化管理模式能够整合学科和专业的资源,包括师资队伍、研究平台、教学资源和教学设备设施等。这种整合能够最大限度地发挥资源的优势,提高学科和专业的整体实力和竞争力。

3. 推动学科交叉与融合

虽然"学科—专业"一体化管理模式不是学科交叉融合的本质,但它能够推动学科之间进行交叉与融合。学科和专业负责人在负责各自学科专业的同时,也要关注其他学科的发展动态,并促进学科之间的合作与交流,实现不同学科的交叉与融合。

4. 促进人才综合素质培养

"学科—专业"一体化管理模式注重学生综合素质的培养,提供学生跨学科研究、学习与锻炼的机会。通过"学科—专业"一体化,学生可以接触到不同学科的知识和方法,培养跨学科思维和解决问题的能力。

(三)"学科—专业"一体化的内在逻辑

2018年,时任浙江农林大学校长应义斌教授论述了"学科—专业"一体化发展的内在理论逻辑(如图5-1所示)。他认为"当下培养的未来校友是大学未来发展的核心竞争力""大学是校友的,尤其是本科校友的",为了实现学校高水平、可持续发展，必须夯实本科教育的核心地位，针对当前学校存在的学科和专业"两张皮"现象，解决"优势学科不支撑优势专业"的问题，提出实施"学科—专业"一体化建设行动。遵循优势学科发展带动和促进专业发展、学科专业螺旋式互促发展机制，探索"学科—专业"一体化机制，推行组织机构一体化、任务考核一体化、经费使用一体化等。设置学科专业负责人和学科专业管理团队（1+X），学科专业管理团队一般包括所支撑的本科专业负责人，相应的学位点负责人等。学科专业负责人对学科、专业建设负总责，以实现学科、专业协同建设与一体化发展。

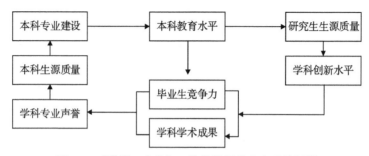

图 5-1 "学科—专业"一体化发展的内在理论逻辑

（四）浙江农林大学"学科—专业—支部"一体化组织体系

在 2018 年学校新一轮岗位聘任中，依据《浙江农林大学岗位设置与聘任实施意见》及《浙江农林大学一流学科建设实施方案》文件，学校明确提出设置学科专业负责人，对专业和学科建设工作负总责，建立学科专业管理团队制度，聘任了 42 位学科专业负责人和组建了 42 个学科专业管理团队，初步实现学科专业一体化管理。在此基础上，为落实立德树人的根本任务，实现为党育人、为国育才的根本目标，从机制、体制上解决培养什么人、怎样培养人、为谁培养人的教育根本问题，浙江农林大学进一步提出学科、专业、支部"三位一体"组织体系，促进学科建设、人才培养与党的建设有机融合、协同并进。同时，为进一步落实本科人才培养的中心地位，浙江农林大学实施院长主管本科教学工作，确保优质教学资源充分配置到人才培养全过程，激发学院办学活力，夯实学院教学中心地位，促进学科、专业与支部一体化水平。具体措施：一是推行院长本科教学工作例会制度。校长、分管副校长共同出席主持例会，各学院院长参会，对本科教育重大政策、重大举措进行研究、讨论。二是实施院长年度教学工作述职制度。组织本科人才培养专项考核，结果与学院考核和院长考核挂钩。

（五）农林经济管理"学科—专业—支部"一体化组织体系

鉴于上述理念与学校规划，浙江农林大学农林经济管理专业团队对于构建"学科—专业—支部"一体化组织体系，采取了以下改革举措。

首先，完成"学科—专业—支部"一体化组织架构的顶层设计，确立品行端正、业绩突出的教授为学科专业支部负责人，下设博士学位点负责人、农林经济管理学术型学位点、农业管理专业学位点负责人和农林经济管理本科专业负责人的学科管理团队，学科负责人同时兼任农林经济管理专业党支部书记，对党建、学科与专业建设负总责。

其次，根据学科发展趋势和区域经济建设的需要，学科负责人研究确立学科发展方向和专业发展方向，设置农林经济管理专业人才培养方案，确保学科专业两者发展方向的一致性和使命目标的趋同化。

再次，强化科教融汇，推动科研反哺教学，以课程建设为抓手，鼓励将科学研究成果转化为课程与教材，促进教学在科研中提升、科研在教学中深化。

最后，加强教育资源整合与共享，通过统筹各类师资和团队的培养、管理和使用，以及人、财、物等保障条件的协同共建，高效整合、利用办学资源。

三、农林经济管理"三位一体"组织体系取得成效

近五年来，浙江农林大学农林经济管理专业团队对"三位一体"管理模式进行了不断的探索，取得了一系列的成绩，不仅提高了学科研究水平和专业教学质量，还为学生的综合素养和职业发展提供了坚实的保障。

首先，在学科建设上取得了显著的进展。通过深入研究国内外农林经济管理领域的最新进展，并结合学科特点和学生需求，恰当地制定了一系列具有前瞻性和实践性的学科发展规划。这些规划涵盖了学科的研究方向、教学内容和实践环节，并与支部建设紧密结合，为学生提供了更全面、更深入的科学研究和实践锻炼的机会。在教育部学科评估中，浙江农林大学农林经济管理学科从第四轮的C−进入到第五轮的B−，进入浙江省一流学科（A）和国家林草局重点学科。

其次，在专业建设上取得了明显的成效。基于学科发展规划，农林经济管理专业对课程体系进行了精心设计和优化，确保与学科的紧密联系和强实践性。专业师资团队得到充分培养和壮大，提高了专业教学和研究水平，为学生提供了丰富多样的专业技能培训和实践指导。此外，该专业还积极推动学生参与学科研究和创新实践，提升其创新意识、实践能力和解决现实问题能力，专业影响力显著提升。2021年，农林经济管理本科专业成功入选国家一流本科专业建设点，林业经济学等3门课程入选国家级一流课程，2021年、2022年连续两年浙江省省属高校学生的最高录取分数均为本专业。

最后，在支部建设上取得了积极的成果。支部建在学科上，实现了学科建设、专业建设和党建的良性互动，通过党建引领学科建设和专业建设，确保学科建设与专业建设的政治方向，以党建促进师德、师风、学风，把党建工作落到实处，通过丰富多样的支部活动、学术活动和实践活动，有效促进学生与学科教师、企业合作伙伴等的交流和合作，打造了"走在乡间的小路上"这一实践育人特色品牌，获得浙江省高校首批党建特色品牌，为教师和学生搭建了一个共同学习和成长的平台。这种支部管理模式有效激发了学生的学习兴趣和创新潜能，培养了一批具有较高素质和实践能力的优秀学生。

第二节　组建多跨协同师资队伍

随着我国乡村振兴战略的深入实施，新型农业经济和现代农业的发展对人才培养提出了新的要求。在此背景下，浙江农林大学农林经济管理专业高度重视新文科建设，以"三链融合"为改革创新的主要抓手，积极推进多跨协同的师资队伍建设；充分利用学校资源优势，通过推行一系列改革举措，建立了一支结构合理、水平优良、特色鲜明的师资队伍。这为培养综合素质过硬、社会责任感强的乡村振兴人才奠定了坚实的基础。

一、强化学科交叉融合，组建跨学科师资队伍

在新文科建设的背景下，浙江农林大学农林经济管理专业团队高度重视跨学科师资建设，旨在强化学科交叉融合，促进专业内涵建设。通过跨学科师资培养与选拔、学科交叉研究项目与平台、学科交叉合作与团队建设等方面的措施，推进"三链融合"，助力培养具备全球视野和跨学科背景的复合创新型人才。

（一）跨学科教师培养与选拔

通过培养与选拔跨学科教师，农林经济管理专业团队重点引进具有不同学科背景和研究专长的优秀教师。学校充分利用国内外一流高校资源，积极开展学科交叉培训和进修项目，为教师提供多元化的学术交流和研修机会。同时，学校设立了跨学科教师评审委员会，负责对跨学科教师的选拔和绩效进行全面评估，以确保教师具备跨学科教学和研究的能力。

针对农林经济管理专业，跨学科教师的培养与选拔取得了显著成效。学校成功引进了一批拥有农业经济学、生态学、社会学等多个学科背景的优秀教师。这些教师在跨学科教学和科研中发挥着重要作用，丰富了专业的教学内容，为学生跨学科素养和综合素质培养提供了有力支撑；促进了学科间的交流与合作，为学科交叉融合提供了坚实的基础。

（二）学科交叉研究项目与平台

农林经济管理专业团队着力打造学科交叉研究项目与平台，鼓励教师积极参与跨学科的研究合作。学校设立了学科交叉研究项目基金，资助教

师开展跨学科研究项目。同时，学校建设了跨学科研究平台，提供跨学科数据资源和研究设施，为教师开展跨学科研究提供支持。

浙江省乡村振兴研究院和浙江农林大学生态文明研究中心两个浙江省重点专业智库，为学院跨学科人才培养与科学研究提供了平台支撑，推进了农林经济管理学科跨学科的交流与合作，形成了"三院"联动互促发展的新格局。一批涉及农业经济、生态环境、农村发展等多个领域的跨学科研究项目相继立项，教师在跨学科研究中相互交流，共同攻克了一系列学科交叉难题，取得了一批具有学术价值和社会影响力的研究成果。

（三）学科交叉合作与团队建设

农林经济管理专业团队积极推动学科交叉合作与团队建设，建立跨学科研究团队。学校鼓励教师参与跨学科合作项目，组建学科交叉研究团队。同时，学校为学科交叉研究团队提供专项资金和支持，帮助团队成员共同开展跨学科研究。

在学科交叉合作与团队建设方面，农林经济管理专业团队取得了显著进展。学校鼓励教师进行跨学科合作研究，打破学科壁垒，组建了一批跨学科研究团队。这些团队集结了经济学、生态学、管理学等多学科优秀教师，共同致力于探索农林经济与生态环境的融合发展。他们的合作研究成果不仅拓宽了学科边界，而且丰富了专业内涵，提高了专业人才培养的吸引力。

通过以上的跨学科师资队伍建设举措，浙江农林大学农林经济管理专业在新文科建设中推动了学科交叉融合。跨学科教师、跨学科研究项目和团队的建设为专业的发展提供了强有力的支持。在跨学科背景下，学生能够接触到更广泛的知识和思想，培养出跨学科思维和解决问题的能力，成为支持乡村振兴和可持续发展的跨学科复合型人才。同时，专业的跨学科合作也为解决现实问题、推动社会经济发展提供了更多的切入点和可能性。在未来的发展中，农林经济管理专业将继续加强跨学科师资建设，推动"三链融合"，促进跨学科交叉与融合。

二、注重教学与科研融汇,打造多层次师资结构

构建多层次师资结构是浙江农林大学农林经济管理专业实现科教融汇的重要举措。首先,积极引进高水平学术带头人,以打造具有学术影响力的师资队伍;其次,培养激励中青年教师,促进教师成长和发展;最后,着力推进产学研一体化师资队伍建设,加强与企业和研究机构的合作,提高师资队伍实践能力和科研水平。通过这些措施,农林经济管理专业构建了一支高水平、多层次的师资队伍,为开展优质教育教学和前沿科学研究提供了有力支撑。

(一)高水平学术带头人引进

为了优化、畅通教学与科研的衔接度,农林经济管理专业持续加大力度引进高水平的学术领军人才。学校积极与国内外一流高校开展合作与交流,成功吸引了多位具备深厚学术研究和教学指导经验的杰出学者加入农林经济管理学科。自2019年起,农林经济管理学科已引进3位国家"万人计划"优秀人才。这些高水平学术领军人才不仅可以引领师生投身于学科前沿的科研和学术探索,还为专业教学提供了坚实的支撑和指导,有效推动了学科科研水平和教育教学质量的整体提升。

(二)中青年教师培养与激励

农林经济管理专业的持续繁荣与中青年教师的成长密不可分,他们构成了该专业发展的核心力量。为了推动教学与科研的深度融合,本专业致力于中青年教师的培养与激励工作。学校特别制订了个性化的成长计划,旨在为中青年教师打造广阔的发展空间和机会。此外,学校与学院联合构建了绩效考核与激励机制,通过全面评估教学与科研成果,鼓励中青年教师以更饱满的热情投入到教学与科研工作中,以提升整体的教学质量与研究水平。自2019年起,农林经济管理学科已成功引进国内外青年教师及优秀博士共计15人,这不仅增强了师资队伍的活力,也进一步提升了师资队伍的创新能力。

(三)产学研一体化师资队伍建设

为了更好地促进科教融汇,农林经济管理专业团队积极推进产学研一体化师资队伍建设。学校与各类企业、研究机构等开展紧密合作,引进一批具有实践经验和应用研究能力的教师。这些教师将学校的教学、科研与社会服务紧密结合起来,为学生提供了更多现场实践和应用研究的机会。同时,学校建立了产学研一体化的师资团队,使教师能够更好地参与到实际产业和社会经济发展中,提高了师资队伍的实践能力和应用研究水平。尤其是通过引进原浙江省农办副主任顾益康、原农业农村厅副厅长赵兴泉等师资力量,培养了一批能够面向产学研的青年教师,大幅提升了农林经济管理学科老师解决现实问题的能力。

三、加强国际交流,推进师资国际化合作

国际化师资引进是浙江农林大学农林经济管理专业团队推进新文科建设的重要举措之一。通过邀请国际知名学者进行讲座与交流、开展海外教师引进与交流项目以及推动国际学术合作与联合培养,农林经济管理专业国际合作交流广度和深度不断得到扩展,国际视野与国际化水平不断得到提升。这些举措不仅促进了师资队伍的国际化发展,也为学生提供了更加丰富多彩的学习和交流平台,为专业的国际影响力和竞争力提升做出了积极贡献。

(一)国际知名学者讲座与交流

农林经济管理专业团队积极邀请国际知名学者来校进行讲座与学术交流。这些学者分享了最前沿的学术研究成果和经验,为师生带来了新的学术视角和思路。同时,学校也鼓励本专业教师参与国际学术会议和交流活动,拓展他们的学术圈和影响力。通过国际知名学者讲座与交流活动的持续开展,农林经济管理学科的学术水平和国际合作能力得到了不断的提升,为学生的国际化学习和发展提供了更多机会。2019年以来,农林经济管理学科邀请国际知名专家讲座、交流15人次,开阔了师生眼界,提升了国际视野。

（二）海外教师引进与交流项目

为了加强与海外高水平教育机构的合作，农林经济管理专业团队开展了海外教师引进与交流项目。学校与国际知名大学建立了长期稳定的合作交流关系，互派教师进行教学和研究交流。这些海外教师带来了新的教学理念和方法，拓宽了学生的国际化视野。同时，该项目也有助于本专业教师的学术交流和成长。通过与美国奥本大学、密歇根州立大学等国外知名高校开展海外教师的引进与交流项目，以及主办、承办 PACE 等国际学术研讨会，农林经济管理专业国际化师资队伍建设得到加强，教学质量水平和国际影响力均得到显著提升。

（三）国际学术合作与联合培养

农林经济管理专业团队积极促进国际学术合作与联合培养，与多所海外高校建立合作办学项目，推动学生国际交流与学习。在校期间，学生可以参与国际交换项目，赴海外高校学习和交流，以此丰富学术经历，拓展国际视野和多元文化思维。同时，学校也接收了一些来自国外高校的学生，开展联合培养项目，为学生提供更加全面、个性和国际化的学习体验。通过国际学术合作与联合培养，农林经济管理专业打破了国界限制，促进了国际学术资源的共享和学术交流的深入，为培养具有国际竞争力的优秀人才做出了积极贡献。

四、注重教学与实践结合：打造双师型师资队伍

教学与实践的结合是农林经济管理专业团队打造双师型师资队伍的重要举措。双师型师资队伍为学生职业发展和实践能力的提升提供了坚实保障。注重将理论教学与实际应用相结合，为学生提供更加贴近实际的学习体验和实践机会。在教学实践创新与教学资源开发、校外实习与社会实践指导等方面，农林经济管理专业不断探索创新，致力于培养具有实践能力和应用技能的优秀人才。

（一）引入实践经验丰富的行业导师

农林经济管理专业团队积极引入实践经验丰富的行业导师，他们均来自相关领域的专业人士，拥有丰富的实践经验和实际操作技能。这些行业导师不仅为学生提供了专业知识和技能的指导，还能够与学生分享实际工作中碰到的问题、挑战及其解决方案。以定向招生为切入点，农林经济管理专业通过引进定点单位的高水平行业导师，促进产学研合作、协同，将理论知识与实践经验进行结合，帮助学生更深入地理解专业知识，并为其未来的职业发展做好准备。

（二）教学实践创新与教学资源开发

农林经济管理专业团队致力于推动教学实践创新与教学资源开发，注重将实际案例和实践项目融入教学。教师们积极开发、整合教学资源，包括实际案例、模拟项目和实践课程等，使学生能够在实际操作中学习、掌握知识与技能。例如，设计并开发了"种植业家庭农场经营虚拟仿真实验项目"，将农场实际经营、农业经营理论和课堂教学与虚拟现实的方式有机地结合起来，给学生提供沉浸式学习体验。同时，农林经济管理专业鼓励教师采用多样化教学方法，如案例式教学、互动式教学和探究式教学等，以激发学生的学习兴趣，培养学生的实践能力和创新思维。

（三）校外实习与社会实践指导

农林经济管理专业团队注重校外实习与社会实践的指导，通过与企业、农村社区等机构合作，为学生提供了实践锻炼的机会；设立实习指导机构，指导学生选择适合自己专业方向和兴趣的实习岗位，并在实习过程中进行指导和评价；鼓励学生主动参与社会实践活动，如调研、社会调查等，以此增强学生的社会责任感和实践能力。20多年来，农林经济管理专业形成了"走在乡间的小路上"实践品牌，注重课内实践调查与课外社会实践相结合，理论联系实际，带领学生"走千村、访万户、读'三农'"，引导学生在浸入式的乡村实践中感知时代变迁、体察民生冷暖和思考乡村发展。通过校外实习与社会实践的指导，农林经济管理专业使学生在实践中提高专业技能，增长社会经验，为未来的职业发展奠定了坚实的基础。

第三节 搭建学科专业交叉融合平台

搭建学科专业交叉融合平台是新文科建设的重要内容。浙江省乡村振兴研究院、浙江农林大学生态文明研究院，以及浙江省经济管理类重点建设实验教学示范中心等科研教学平台的建设，使得农林经济管理专业实现了学科平台建设与科研育人、实践育人的紧密结合，提高了学科平台建设的综合效益和可持续发展能力。

一、建立科研创新平台，推进科研与教学深度融汇

浙江省乡村振兴研究院（以下简称研究院）成立于2012年，前身是中国农民发展研究中心，是在2018年批准设立的浙江省重点智库。研究院聚焦乡村振兴战略研究，重视学生的多学科交叉研究能力，致力于为乡村振兴战略研究和实施培养高素质人才。

第一，立足本科生课程建设，推进课程育人。利用智库研究成果进行"生态课程"和"乡村课程"育人行动，建成3门国家级课程、8门省级课程，开设相关课程，制定生态文明教育大纲和"思政课程、课程思政"体系，举办"乡村振兴大讲堂"，邀请专家为本科生讲授乡村振兴理论和实践案例，《林业经济学》《生态经济学》《资源与环境经济学》等教材在国内形成一定影响力，部分教材被浙江大学、中国人民大学等作为考研参考书目。

第二，构建高水平师资团队，提升学生学术视野。研究院聘请何秀荣、张俊飚等多名国内外知名学者为特聘专家，组建高水平师资团队，为学生提供了接触前沿学术动态和高水平导师指导的机会，拓宽了学生的学

术视野，有助于引导学生走上科研创新之路。同时，研究院鼓励优秀学生担任项目负责人和课题组长，培养其团队组织和管理能力。研究院与国内外多所高校和科研机构建立了合作交流关系，每年举办多个国际学术论坛和学者访问活动，为学生创造了与国际学者交流的机会，拓宽了学生的学术眼界。另外，研究院还提供学生出国访问、合作研究资助的机会，培养了学生的跨文化交流能力和国际视野。

第三，推进科研创新与人才培养。利用智库项目，吸收本科生参加研究团队，实施"生态研究"和"乡村研究"育人行动。坚持学术研究的问题导向、需求导向和目标导向，形成特色研究方向。研究院为农林经济管理专业学生提供科研项目和学术交流平台，鼓励学生参与院（所）课题研究，通过多种形式锻炼学生研究能力。近5年，承担国家级项目20项，省部级项目22项，发表CSSCI以上的论文120篇，育人成果显著；指导学生荣获多项奖项，7位研究生获得国家奖学金，考取研究生超过1000人次。

第四，围绕二三课堂，推进实践育人。组织本科生开展调研，带头组建志愿服务联盟，拓宽学生实践渠道。成立相关实践基地，吸收本科生参与乡村振兴课题研究和村庄建设。乡村振兴大讲堂已连续举办23期，专门为本科生预留名额，调动了本科生参与科研的浓厚兴趣，营造了良好科研氛围。研究院与浙江省新农科教育联盟共同发起成立新农科教育"育人共同体"，打造"百村工程"，已经为近百个村庄成功授牌。

第五，增强文化影响力，推进价值观育人，推进"生态文化"和"乡愁文化"育人行动。团队开展相关生态文明、乡村振兴研究，吸纳本科生参与咨政报告撰写，提高社会责任感。报告获得国家级领导人肯定。团队研究、总结、宣讲"八八战略"，通过形势与政策课程、青山湖论坛、学术报告等形式，累计宣讲习近平生态文明思想等专题120余场，受众学生超过2万人次，多次成为浙江卫视"中国共产党为什么能"专题节目的理论解读专家团队。智库研究成果得到《求是》《人民日报》《光明日报》《经济日报》《浙江日报》，中央电视台、浙江卫视等权威媒体的广泛报道。

通过科研与"三农"育人相结合，研究院为农林经济管理专业学生搭建了一个高开放、高水平、国际化的人才培养平台，有效提升了学生的科研能力与创新能力，增强了社会责任感，拓宽了国际视野，为该专业培养适应乡村振兴战略需求的人才提供了重要支撑。

二、建立经管实验中心，推进理论教学与实践教学紧密结合

浙江农林大学经济管理学院本科教学示范中心（以下简称中心）始建于2004年，经过20年的建设发展，已建成具有鲜明农林经管学科专业特色，全面支撑经济管理类学科，辐射人文社会学科的跨学科、综合性、智慧型实验教学示范中心。中心注重学生实践创新能力培养，强调理论与实践相结合，构建了知识应用为导向的实践教学体系、实践教学环节和实践育人环境，为培养学生解决实际问题的能力提供了有力的支撑。

（一）构建知识应用导向型实践教学体系

1. 建立"一主、双元、三维、四合"的实践教学体系

基于知识的应用取向和问题的解决导向，中心构建了"一主、双元、三维、四合"的农林经管类专业群实践教学体系。即确立以服务"三农"为育人定位；树立"人本主义"教育人和"钱学森大成智慧"启迪人的"双元"育人理念；面向基层基本素养、面向乡村综合能力和面向未来发展潜力的"三维"育人规格；保持时空上"切合"、能力上"聚合"、内容上"咬合"、组织上"配合"的"四合"体系。

2. 建立"四层次、四维度"的实践育人课程体系

中心构建"四层次、四维度"的实践育人课程体系，即横向按实践能力进阶程度由低到高将实践课程划分为"基础实践—跨学科实践—专业实践—创新实践"四个层次，纵向按实践能力规格粒度由粗到细将实践课程解构成"平台—模块—内容—活动"四个维度。该体系保持纵横交错、互为关联、彼此作用，形成层级分明、有序衔接、结构完整的有机整体，为农林经济管理新文科全员、全过程、全方位实践育人提供了平台。

3. 构筑"一体多翼"实践育人平台体系

农林经济管理新文科以"浙江省经济管理类重点建设实验教学示范中心"为实践育人的核心平台,并以该平台为基点,统筹、梳理院内与院外、校内与校外、境内与境外、线上与线下、虚拟与现实等多方面实践育人资源,将其分类归并为实验、实习、实训、创新与创业等实践育人多元平台,从而形成"一体多翼"实践育人平台体系。该体系为学生从理论课堂到社会实践的知识应用提供了全方位的支撑。

(二)设置知识应用导向型实践教学环节

1. 注重知识理解掌握,推进案例式实践

中心设置了案例式实践教学环节,通过案例情境设计,让学生学会运用所学知识分析问题、解决问题,并理解知识的问题情境与意义建构。在构建案例式教学环节的过程中,教师以真实的生活情境为切入点,引导学生们通过对问题的深入剖析,进行逻辑分析和判断,进而锻炼和提升他们的问题解决能力。该实践环节设计的优点在于,它能够使学生更加直观地了解知识在现实世界中的应用,让学生在沉浸式情境中学习知识、感悟体验、获得成长。在课堂上,教师精心设计了多元化的情境,例如,企业中的项目实施、课堂上的小组讨论等;学生们扮演不同的角色,从而深入理解企业经营、合作沟通、项目管理等方面的知识。总之,中心设置案例式实践环节,通过情境设计让学生运用所学知识分析问题、解决问题,理解知识的意义所在,这既有利于提高学生的问题解决能力,又能使学生更好地掌握知识。

2. 强化知识综合运用,推行项目化实践

中心设置项目式实训环节,学生通过亲身参与具体的项目实施过程,能够运用多门课程知识,综合分析问题、解决问题,从而培养知识迁移应用能力。中心还搭建了虚拟商业社会环境模拟平台,让学生在市场环境、商务环境、政务环境、公共服务环境等综合实训环境下,加深对各个课程理论知识的理解与应用。在项目式实训环节中,学生通过参与模拟真实的工作场景,有效锻炼团队协作与沟通技巧,增强问题解决能力。

同时，实训环节与课程学习紧密结合，提高了学生的学习效率，实现了知识与技能的高效迁移。在这个过程中，学生将充分发挥自主学习能力，拓展知识面，培养知识迁移应用能力。经过深入的学习，学生将逐渐形成自己的职业素养。

3. 关注知识实际应用，推行竞赛式实践

中心为"互联网+""挑战杯""乡村振兴"等各级各类创新竞赛提供支撑，设置相应的实践环节，以案例或项目形式引入实际问题，通过竞赛方式推进学生知识的创新应用。各个学科竞赛的题目，均源于现实生活中的真实问题，旨在促进理论知识与实际问题相结合，提高学生解决问题的能力。学生从多角度思考，运用所学知识，结合实际情况，寻找解决方案。竞赛过程不仅可以锻炼学生的团队合作能力，还可以让学生们了解到解决问题并非仅仅是得出正确的答案，更需要有创新的思维。中心始终坚持"以赛代训，以赛促学"的教学理念，通过多元化的竞赛和项目，不断提升学生们的综合能力，为学生未来的学术生涯和职业发展打下坚实基础。

4. 重视知识创新应用，推行研究型实践

中心设置研究型实践环节，通过导师指导，引导学生开展知识创新应用，实现对知识的深化运用和拓展应用。为了激发学生的创新思维，研究型实践会涉及多个领域的知识融合。学生在科学探究中需要学会将所学知识应用于不同的场景，尝试提出新的解决方案，从而增强他们的实践创新能力和团队协作能力。在研究性实践环节中，导师团队还将鼓励学生积极参与学术交流活动，以提高他们的专业素养。通过与同行的交流，学生可以了解到其他学者的研究进展，扩宽自己的知识视野，从而为未来的学术生涯打下坚实的基础。

（三）构筑知识应用导向型实践育人环境

通过校地、校企协同育人，中心将学生置于真实的知识应用环境中，在服务乡村、解决企业问题的实践中，培养知识应用能力，达到理论联系实际的目的。

在校企协同育人过程中，中心还积极与企业进行合作，邀请企业高管、技术专家等担任兼职教师,参与课程设计、教学活动以及学生实习实训等环节。中心注重将理论教学与实践教学相互结合,通过"实训基地"的建设,为学生提供充足的实践机会。实训基地内设有各类实践教学平台,包括企业参观、实习实训、项目实践等,让学生能够将所学知识与实际工作环境相结合,从而增强学生的实践能力。

中心为学生搭建了一个学习、实践、创新的广阔平台,让学生在真实的知识应用环境中快速成长。这不仅有助于培养学生的综合素质和创新能力,还能为企业输送更多具备实践应用能力的优秀人才,推动企业的创新发展,实现校企合作共赢。

第四节 持续改进质量文化

在农林经济管理专业"三链融合"新文科建设的保障机制中,持续改进质量文化是一个至关重要的方面。质量文化是指学校和专业内部树立的关于教学、科研和管理方面的共同价值观、理念以及行为准则,旨在提升教学和研究的整体水平,推动专业的不断发展。

一、建立共识

为了持续改进质量文化,首先需要在浙江农林大学农林经济管理专业的师生和管理层之间建立共识,让各参与方对于人才培养过程中的价值观、理念及行动准则的认知和期望达成一致,形成共同的目标和愿景。《浙江农林大学章程》第十三条规定:(学校)不断完善办学质量保障体系,持续提高办学质量。浙江农林大学农林经济管理专业在持续改进质量文化方面,已经形成了一系列共识,这些共识构成了学院和专业发展的共同价值观和行为准则,体现在《经济管理学院"十四五"发展规划》等文件中。以下是该专业质量文化共识的主要内容。

共识一：价值导向与社会责任

坚持价值链、知识链和实践链的三链融合：强调价值链的引领导向、知识链的学术研究和实践链的应用转化之间的有机衔接，以提高学科的整体水平和应用能力。

以生态文明为导向：浙江农林大学在 2004 年提出建设生态大学的理念，并于 2010 年的学校党代会上明确将建设生态大学写入议程，2017 年将其写入学校章程。农林经济管理专业努力将生态文明理念融入教学和研究，培养学生的生态环保意识，为地方和国家生态建设贡献力量。

共识二：卓越教学与学术研究

追求卓越教学：从 1986 年起，在专业创始人吴静和教授带领下，专业师生便将追求卓越教学融入血脉之中，形成卓越教学的质量文化，全体师生致力于提供高质量的教学，倡导教师关注学生个性发展，注重培养学生的创新能力和实践能力。

鼓励学术研究创新：鼓励教师和学生积极投身学术研究，探索前沿问题，为地方和行业的发展提供智力支持。

共识三：学科交流与跨界合作

学科融合交流：鼓励学科之间的交流与合作，不仅与浙江大学、南京农业大学等高校开展同学科的交流与合作，还与本校农学、林学、计算机科学等学科开展交流合作。通过现代粮食产业学院、数字农经微专业、虚拟考研室等建立相关学科合作机制，推动知识链的多元化发展。

产学研合作：积极开展与企业、政府等机构的合作，将实践链贯穿于教学和科研的全过程，实现理论与实践的无缝衔接。

共识四：质量评估与持续改进

建立教学评估体系：设立科学的教学质量评估机制，通过学生评教、同行评教等方式，对教学进行定期评估和反馈。

注重持续改进：针对评估结果和学科发展需求，及时调整教学和科研方向，不断优化专业的教学和研究内容。

共识五：学生参与与个性发展

学生参与建设：鼓励学生参与学院、专业的建设和管理，形成教育命运共同体。

强调个性发展：尊重学生个性，关注学生的特长兴趣和职业规划，提供学生多样化的学术和职业发展支持。

这些质量文化共识是浙江农林大学农林经济管理专业的宝贵财富，为学院和专业的长期发展奠定了坚实的基础。在实施"三链融合"新文科建设的过程中，这些共识将发挥重要作用，促进专业的不断创新与进步。

二、强调评估和反馈

可持续改进的评估与反馈机制是高校教学质量文化建设的核心。我们以可持续改进评估与反馈机制为中心，建立健全教学评估机制、教师与学生的自我评估机制，并实现了全方位的反馈机制以推动持续的改进。

（一）建立健全的教学评估机制

领导听课制：浙江农林大学制定规定，要求中层干部必须深入课堂，实行校领导、中层干部听课制度；经济管理学院规定学院领导实施听课全覆盖，对教学质量进行实地观测和评估，提供重要的指导和支持。

校院督导评教：浙江农林大学具有完备的教学质量监控制度，设立校级教学质量监控与评估中心和本科教学督导组，对整个学校的本科教学质量进行督查与评估；经济管理学院设立由分管本科教学工作副院长负责的学院督导组，对教师进行定期的教学评估和指导，及时发现教师教学中存在的问题，帮助教师解决问题、提升教学水平。

同行评教：学科设置课程组，课程组教师之间开展同行评教，互相观摩和评估教学，借鉴优秀教学经验，相互提升。

学生评教：学生参与教学评估，通过匿名问卷，对每一位任课教师的教学进行评价，为教师教学改进提供建议。

（二）鼓励教师和学生自我评估

教师自我评估：鼓励教师对自己的教学进行自我评价、反思和总结，从而不断提升自己的教学水平和效果。通过记录教学日志，仔细回顾自己的教学过程，发现其中的不足之处，并寻找改进的方法。同时，教学反馈也是非常关键的，因为学生和其他教师能够提出有益的建议和意见，帮助教师更好地完善自己的教学。在不断调整教学设计的过程中，教师将更加注重教学方法和内容的优化，以更好地满足学生的学习需求。

学生自我评估：鼓励学生对自己的学习和科研进行自我评估，从而更好地认识到自身的优势和不足之处。通过积极反馈并改进学习策略，学生可以更加高效地学习和研究，提高自己的学术水平和综合素质。同时，学生自我评估还可以帮助学生更好地了解自己的职业规划和发展方向，从而更好地选择适合自己的学习和发展路径。

（三）提供全方位的评估和反馈

系统化的评估是建立在一套完整、全面的指标体系上的，这个体系不仅包括了教学效果和学生满意度等传统意义上的评估标准，还将学科竞赛成绩等更具实践性和综合性的指标纳入其中。这套评估指标体系不仅注重对教学和科研的定量评估，还重视对质量和过程的定性评估。

在建立这套评估指标体系时，我们强调其科学性、客观性和可操作性。第一，我们借鉴了国际上先进的教育评估理念和经验，结合了多学科的教育科学研究方法，对各项指标进行了精细化的定义和测量。第二，我们采用了大量可靠、有效的数据作为依据，避免了主观臆断和经验主义错误，使得评估结果更具有说服力和可信度。

通过这套教学评估指标体系，我们可以全面、客观地了解教师的教学水平和科研能力，以及学生的学习效果和满意度。同时，我们还可以通过学科竞赛成绩等综合性指标，了解学生的综合素质和实践能力。这些数据不仅可以帮助我们更好地反思和改进教学方法和内容，还可以为学校和学科的未来发展规划提供有益的参考依据。

（四）持续改进的执行与监督

及时跟进改进措施是指对评估反馈中提出的问题和建议，学科和专业的老师会及时采取行动、跟进处理这些问题。首先对问题进行深入的分析，探索问题产生的原因，并针对这些原因制定具体的改进措施。然后，学科和专业的老师会密切关注这些改进措施的执行情况，确保它们能够得到有效的实施，从而解决问题并提高工作效率和质量。这种及时跟进、改进措施的做法，能够更加高效地解决评估反馈中提出的问题，从而更好地满足相关方的期望和要求。

确保改进措施的有效实施是指通过采取定期的检查和考核机制，保证教学和科研方面的改进措施得到切实的执行，以创建持续改进的质量文化。这种措施不仅有助于提高教育及研究的质量，也能够促进教师与科研人员的专业发展，进而提升整体教育及研究水平。此外，通过落实改进措施，还能培养教师与科研人员的创新思维和问题解决能力，进而提高他们的专业素养。

三、激励创新

浙江农林大学农林经济管理专业团队积极推动学生和教师参与创新活动，鼓励教师和学生在教学和科研中积极探索、尝试新的教学方法与研究方向，不断培养创新意识和能力，设立创新奖励，对取得显著成果的教师和学生给予充分肯定和奖励，以激励更多的人参与到改进质量文化的过程中来。

（一）依托新型专业智库，促进科教融汇

浙江省乡村振兴研究院是一个专注于乡村振兴领域的研究机构，致力于为浙江省及全国的乡村振兴工作提供智力支持。该研究院拥有一支高水平的专家团队，围绕乡村振兴战略，开展深入调查研究，提出政策建议，

为政府决策提供科学依据。同时，该研究院还积极推动乡村产业升级、文化传承和创新，助力乡村振兴事业发展。

浙江农林大学生态文明研究院则是一个致力于生态文明建设领域的研究机构，主要围绕环境保护、生态治理等方面开展研究工作。该研究院拥有先进的科研设备和仪器，以及一支高素质的科研团队，通过开展环境保护、生态治理等方面的研究，为政府制定环境政策提供科学依据，同时为推进生态文明建设提供技术支持和咨询服务。

通过参与这两个智库的研究项目，学生可以获得实践经验和研究机会，加深对学科知识和专业领域的理解。同时，这些研究项目还可以培养学生的创新思维和实践能力，提高他们的综合素质和专业技能。对于教师来说，参与这些研究项目也可以提高他们的研究能力和学术水平，推动教学与科研的有机结合，更好地服务于人才培养和社会发展。

（二）实施本科生导师制，启蒙学生研究志趣

1. 重视学生导师作用

自1996年农林经济管理专业成立以来，便开始实施本科生导师制，从大学一年级开始就为每位学生配备了导师，旨在确保每位学生都能得到专业、个性化的学术指导。导师不仅在学生的课程学习和创新实践过程中扮演着至关重要的角色，同时也是学生毕业论文撰写、就业与创业方面的重要指导者。通过这种方式，致力于培养学生的研究兴趣和创新能力，使他们能够在学术领域取得更多的成果。

2. 强化学生个性化支持服务

为了更好地满足学生的学术和职业发展需求，农林经济管理学院为学生提供了学业导师指导和学院职业规划指导等一系列个性化支持服务。学生学业导师根据学生的个人兴趣和学术背景，有针对性地为学生提供个性化的学术指导和建议，帮助学生更好地完成学业任务和实现学术目标。学院职业规划指导则为学生提供专业的职业规划建议和就业指导，帮助学生制定职业规划、提升就业竞争力，从而更好地实现个人价值和发展。这些个性化支持服务旨在促进学生的全面发展，帮助他们更好地适应学术和职业环境。

(三）推动学生创新创业活动，培养学生双创能力

1. 学科竞赛进课堂

通过设立"乡村振兴调研与案例分析"这一学科竞赛进课堂课程，以点带面将学科竞赛融入教学过程，旨在鼓励学生在实践中灵活运用课堂理论知识，解决实际问题。学科竞赛进课堂为学生提供了实地考察和案例分析的机会，有助于学生形成创新思维，并提高解决问题的能力。

2. 创新创业支持

为了激励有创新创业意向的学生积极参与创新创业活动，农林经济管理专业团队为学生提供全方位的支持，包括但不限于创业导师指导、创业基金资助等。这些支持帮助学生将创意转化为实际行动，推动创新成果的应用，从而为社会的发展贡献力量。

（四）建立教师激励机制，提供专业发展支持

1. 优秀教师表彰奖励

设立优质教学教师奖、优质课堂、荣誉课程等激励制度，鼓励教师参与教学改革创新，并对成果业绩突出的教师进行表彰和奖励，以此激励教师在教学和科研中持续探索和创新。

2. 提供专业发展支持

建有经济管理学院教师发展分中心，学科实施青年教师助讲培养制度，为教师提供专业培训和学术交流机会，促进他们在教学和研究方面不断提高和创新。

四、质量文化价值观

浙江农林大学农林经济管理专业团队始终秉持立德树人的教育使命，致力于培养德智体美劳全面发展的农林经管类人才。在教学全过程中，不仅注重课程设置和德育教育，还引导学生树立正确的价值观和人生观，培养学生积极向上的品质与品格。同时，倡导学生树立社会责任感和家国情怀，培养学生的责任意识和公民意识。农林经济管理专业团队秉承学校生

态型大学的价值观，以学生为中心，探索价值链、知识链、实践链的"三链融合"，培养具有浙江农林大学特色的农林经管人才，助力乡村全面振兴和生态文明现代化建设。

（一）落实立德树人根本任务

立德树人作为高校办学的根本任务，旨在引导高校培养德智体美劳全面发展的社会主义建设者和接班人。在浙江农林大学农林经济管理专业人才的培养过程中，立德树人始终被视为办学指导思想，贯穿于专业教育教学的全过程。通过课程设置和德育教育，着力引导学生树立正确的人生观、价值观和世界观，培养学生积极向上的思想品格和坚韧不拔的意志品质。同时，通过开展社会实践和志愿服务等活动，着力引导学生树立社会责任感和家国情怀，增强学生的社会责任感和公民意识。通过切实落实立德树人根本任务，浙江农林大学农林经济管理专业将为社会培养更多具有高尚品德和扎实学识的栋梁之材，为国家和社会的发展做出积极贡献。

（二）培养绿色发展的生态文明意识

绿色发展与生态文明教育备受浙江农林大学重视。通过生态课程设置和植物园、校园"两园"文化建设，积极引导学生树立绿色、可持续发展意识，强调生态、绿色、环保及生态文明的重要性；通过开展内容丰富、形式多样的绿色环保活动，如绿色校园建设、环保科普等，进一步提升学生的环保意识和行动规范；在学习过程中，学生不仅学习到了专业知识，而且还培养了环保意识和生态文明素养。通过生态文明教育的深入推进，农林经济管理专业将培养更多有责任心和创新意识的生态人才，为构建美丽中国和幸福中国贡献力量。

（三）面向乡村振兴的人才培养

乡村振兴是国家的重要战略，也是浙江农林大学农林经济管理专业人才培养的重要方向之一。通过调整课程设置，注重培养学生的乡村意识和乡村发展能力，鼓励学生参与乡村实践和社会服务，深入了解乡村现状和需求。同时，学院还与当地政府和企业合作，开展校企合作项目，为学生提供更多实践机会和就业选择。通过为乡村振兴培养新农科、新文科人才，农林经济管理专业将为乡村振兴战略的顺利实施提供重要人才支持。

（四）推进"学为中心"的持续改进

"学为中心"是学校学院持续改进质量文化的根本要求。农林经济管理专业始终把学生的学习成果和学习体验放在首位，不断优化教学和科研方案，提高教学质量。推行本科生导师制，为学生提供个性化学习指导，帮助学生解决学习问题，促进学生的全面发展。通过"学为中心"的理念，农林经济管理专业形成了关注学生的需求和发展的良好氛围，激发了教师和学生的学术热情，促进了教学和科研水平的不断提高。

（五）提供"三链融合"专业发展持续动力

"三链融合"是浙江农林大学农林经济管理新文科的建设模式。农林经济管理专业积极推进价值链、知识链和实践链的有机结合，强调教学、科研和实践的相互融通，促进学科专业整体提升。农林经济管理专业建立多元交叉学科平台，鼓励学生参与实践教学与科研创新活动，提高学生的综合素质和创新能力。通过"三链融合"的推动，农林经济管理专业新文科将培养出更多有实践能力和创新意识的复合创新人才，为社会的发展和乡村振兴战略的实施作出积极贡献。

第五节 激励约束政策机制

作为浙江农林大学农林经济管理新文科建设的重要保障机制之一，激励约束政策的制定和实施对于促进教师和学生共同成长，推动专业发展和提高教学质量具有重要意义。

一、激励约束政策的理念与目标

激励和约束政策机制是指通过合理的奖励和约束手段，激发教师和学生的积极性和创造性，约束行为以提高教学质量和学术水平，从而推动专业发展。农林经济管理专业在长期的发展过程中，尤其是在新文科建设过程中，逐步形成了以下激励约束政策的理念与目标。

（一）促进学科交叉融合

新文科建设的重要理念是鼓励学科交叉融合，我们要用更加开放的态度推进农林经济管理新文科的办学，鼓励跨学科、跨领域的交叉研究和人才培养。农林经济管理专业天然就由农学、林学、经济学、管理学、社会学等多学科支撑，随着科技的不断进步和社会的快速变化，许多问题变得更加复杂而多样，传统的专业思维已经无法解决现实问题。为此，农林经济管理专业还必须与信息技术、空间技术等学科领域进行交叉融合，鼓励师生加强跨学科的教学、科研合作，培养学生跨学科素养和跨领域能力，提升学生适应社会需求和解决实际问题的能力。

（二）强化创新创业教育

在新文科建设的理念下，我们积极推进创新创业教育，以培养学生的创新思维和创业精神为目标，着力于培养学生的洞察力、创造力和团队合作能力，使他们在未来的职业生涯中能够更好地适应快速变化的社会和经济环境，成为具有较强竞争力的新时代人才。我们鼓励不断完善创新创业教育体系和教学方法，引入更多创新创业教育资源，为学生提供广阔的创新创业平台；鼓励增设更多创新创业相关课程，这些课程涵盖从创意发现到项目孵化等各个方面；注重理论与实践相结合，通过实际案例和项目实践，让学生在实践中不断探索、发现和解决问题，培养学生的创新精神和实践能力。此外，农林经济管理专业团队积极拓展创新创业实践机会，为学生提供创业孵化、创新竞赛等平台，鼓励学生勇于尝试、敢于创新；让学生参与真实的创业项目，与企业家、导师和行业专家进行互动交流，以此拓宽他们的视野，提升创新创业能力。通过全面加强创新创业教育，不断优化创新创业教育体系，浙江农林大学农林经济管理专业将培养更多具有创新意识和创业精神的人才，为推动乡村全面振兴、生态文明建设等提供人才支撑。

（三）坚持社会需求导向

浙江农林大学农林经济管理专业团队与政府、企业、校友和研究机构等建立紧密的协同合作关系。通过与社会各界的深入交流，了解社会对专业人才的需求和期望，及时调整课程设置和研究方向，使农林经济管理专业人才培养与社会需求匹配紧密。这样的合作模式将有助于打破学校与外部机构之间的壁垒，促进知识、技术、人才、资源与政策的顺畅互动，实现政校企等多方合作的共赢局面。同时，积极鼓励师生参与社会服务和实践活动，走进农业生产一线和企业实践，深入了解实际问题和了解实际需求，为解决现实难题提供智力支持。推动师生根据社会需求开展科研研究和应用实践，为地方经济发展提供有力的科技支持。

（四）推进教学方法创新

积极推进教学方法的创新，充分借助现代教育技术和在线学习平台，提供更灵活、个性化的学习体验和多样化的学习资源，如智慧教育、虚拟仿真项目等，提升教学效果。通过引入在线学习平台，学生可以根据自己的学习进度和兴趣选择学习内容，灵活安排学习时间，实现个性化学习。积极推广"翻转课堂"教学模式，将以课堂为重心转向以学生为中心，通过课前预习和课后复习，激发学生的学习兴趣和主动性。教师将充当学生学习的指导者和辅导者，引导学生深入思考和探索，培养学生的批判性思维和问题解决能力。积极推进跨学科教学，将不同学科知识进行相互融合，形成综合性的学习体验。通过开设跨学科课程，学生可以综合运用各种知识、技能和方法，分析和解决现实问题，培养学生的跨学科素养和多元创新思维。鼓励教师参加教学培训和研讨，开展教学改革与创新，进行教学反思与改进，提高教学能力和水平；积极探索适合自己的教学方式，注重培养学生的学习兴趣，激发学生的学习动力，促进教学质量与水平的持续提升。

（五）拓展国际合作交流

积极推进国际合作交流，充分把握全球化发展机遇，加强跨文化交流和国际合作能力的培养。积极推动与国外高等院校的合作与交流，开展学生交换、联合培养等项目，使学生有机会赴国外学习，拓展国际视野，了解不同文化和教育体系，培养跨文化交流的能力。鼓励促进与国外高校之间的学术合作和科研交流，吸引更多优秀的国际教师和学者来校讲学、开展合作研究，提高专业教育水平和科研水平，鼓励学生参与国际学术会议、交流活动等，增强学生的学术交流能力。

二、激励约束政策的实施与运作

浙江农林大学经济管理学院实施了一系列制度来贯彻新文科建设理念，其中，诸如优课优酬、优质教师表彰和"一院一品"机制等，有效激发了教师和学生的积极性和创造性，提升了教学质量和学术水平。

（一）优课优酬激励教师培育优质课堂

优课优酬制度是专业教育质量文化的重要组成部分，它实施优质课堂比普通课堂更高的课时酬金，以此来认可和激励优质课堂的教学成果。通过这种激励机制，激发教师的教学热情，鼓励教师通过创新教学方式和方法，提高课堂教学效果。这一制度有效地激励了教师在教学中追求卓越精神，促进了教师的教学热情和投入。

学生的参与和反馈作为优质课程认定的重要依据，通过建立学生评价教学的机制，听取学生的意见和建议，了解学生对课堂教学的满意度和学习效果。鼓励教师与学生进行反馈交流，以便不断改进教学方法和内容，实现优质课堂的不断优化和提升。优质课堂不仅要传授知识，更要培养学生的学习能力和创新意识，教师在课堂教学中要注重引导学生积极参与课堂、主动进行思考，充分提高学生的学习积极性和自主性。

另外，鼓励专业老师开展教学研究和教学改革，推广教学成果和经验。优质课堂的认可和激励将不仅考虑教师在课堂上的表现，还将考虑教师在教学研究和改革方面的贡献。通过教学研究和改革，教师可以不断提高教学水平，为学生提供更优质的教学服务。

（二）优质教师表彰树立教学标杆典范

建立优质教学教师表彰制度，对在本科教学中取得突出成绩的教师进行特别表彰，其中特等奖给予 10 万元奖励。在优质教学教师评选过程中，重视教师的教学贡献和教学成果，不仅关注教师的教学内容和知识传授，还重视教师在教学过程中的创新和教学方法改进，注重培养学生的综合素质和学习能力，关注学生的学习体验和学业成长。通过表彰和激励优秀教师，树立教学标杆和典范，激励教师积极投身本科教学，踊跃参与教学改革创新，争当全院教师的学习榜样。

优质教师的成功经验和教学方法将被充分分享和传承。经济管理学院经常组织优质教师开展教学交流和经验分享活动，积极为教师分享教学心得和经验提供平台、创造机会。通过优质教师的带动和指导，全院教师日渐形成共同的教育理念和教学方法，有效提升了学院的整体教学质量。近 3 年，经济管理学院共有 9 人次获得优质教学教师奖励，其中特等奖 3 人。获奖教师作为教学典范和榜样，对全院教师起到了鼓舞和激励作用。他们的成功经验和教学方法为其他教师提供了借鉴与指导。

（三）"一院一品"促进师生共同成长

浙江农林大学经济管理学院通过实施"一院一品"制度，即构建"成长 1+1"机制，加强教师与学生之间的互动与合作，旨在促进教师与学生共同成长，形成师生共同成长的良好格局，推动学术氛围的共融和协作。

"一院一品"（成长 1+1）机制是专业教育质量文化的创新之举。经济管理学院要求每位教师完成一项自身成长任务，包括教学研究、学术论文撰写等，同时完成一项帮助学生成长任务，如指导学生科研项目、培养学生创新创业能力等。学生也将完成自身成长任务，并积极参与到帮助朋辈成长的任务中，如组织学术活动、开展学科竞赛等。这一机制将鼓励教师和学生相互关注、共同成长。教师将更加关注学生的学术成长和个性发展，积极帮助学生解决学习和生活中的问题，促进学生的全面发展与成长。学生也将更加关心教师的教学研究和学术成果，积极参与到教师的科研项目中，提升自身学术能力和研究素养。

"一院一品"（成长1+1）机制的推行将促进学术氛围的共融和协作。教师和学生在共同成长的过程中将形成紧密的合作关系，相互启发和借鉴，形成良性互动的学术氛围。经济管理学院鼓励教师和学生之间进行教学交流和学术讨论，以推动教学与科研的融合，提高教学质量和科研水平。经济管理学院通过实施"一院一品"制度，使更多的本科生进入教师科研团队，这不仅有利于教师科研成果通过学生发表论文、学科竞赛、创新创业项目等方式得到拓展与应用，还有利于提升学生创新能力，推进科教融汇。

激励约束政策的持续优化与实施将继续推动专业的发展与进步，使得专业建设能够持续改进，为乡村振兴和生态文明建设等培养新农科、新文科人才奠定了坚实基础。通过激励约束政策机制的实施，有效激发了教师投身教学的积极性和创造性。在优课优酬的激励下，教师更加关注教学的细节，注重教学的效果。通过优质教师的表彰与引导，鲜明树立了教学标杆、典范，带动了更多教师积极投入教学和潜心钻研教学。"一院一品"（成长1+1）机制的实施，促进了师生的相互学习和共同成长，教师帮助学生成长，学生助力朋辈成长，这种师生共同成长的氛围为专业发展打下了坚实的基础。

第六章

新文科建设展望

第一节　农林经济管理新文科发展的态势

一、国内发展态势

"四新"战略提出以来，我国各大高校在新文科领域都开展了大量的探索和努力，新文科建设在学科门类、专业设置、数字化、国际化等方面呈现出积极的发展态势，极大地推动了中国高等教育的改革和创新，为培养综合素养高、国际竞争力强的专业人才打下了坚实根基，为社会文化发展注入了新的活力。综合来看，我国各大高校新文科实践呈现如下特点与发展趋势。

（一）学科门类丰富多样

学科门类丰富多样是中国高校新文科发展的一个显著特点。新文科领域逐渐涵盖了多个学科门类，包括社会学、心理学、文化研究、传媒与传播学、国际关系、人类学、教育学等诸多学科。

一方面，丰富多样的学科门类使得学生在高等教育中有更广泛的选择。在过去，学生的专业选项相对受限，主要以理工科为主。随着新文科学科门类的增加，学生可以根据个人兴趣和职业规划从众多新文科领域中选择专业。这不仅满足了不同学生的需求，还有助于培养更多具备跨领域知识和技能的多元化人才。2021年，教育部启动新文科研究与改革实践项目，根据新文科建设的目标任务，设置新文科建设发展理念、专业优化、人才培养模式改革、重点领域分类推进、师资队伍建设、特色质量文化建设研究与实践等6个选题领域、22个选题方向。

另一方面，多样的学科门类还丰富了高等教育的内涵。传统上，中国高校主要偏重理工科学科，而新文科的出现使得高等教育体系更加多元化和全面。这不仅有益于培养具备综合素养和人文情怀的学生，还有助于高校更好地满足社会多元化的需求，为国家和社会提供更多元化的人才资源。

此外，学科门类的多样性促进了相关领域的研究和发展。不同学科领域的涌现推动了高校聘请优秀的学者和研究人员，建立专业的研究机构和实验室，为学术研究的进步提供更多的机会。这种跨学科合作也有助于解决复杂的现实问题，促进知识的传播和应用。

以中国人民大学为例，为培养复合型农林经济管理专业人才，中国人民大学针对拔尖学生，开展了"大数据技术—农林经济管理"和"应用经济—农村区域发展管理"两个双学士学位复合型人才培养项目。其中，"大数据技术—农林经济管理"项目主要培养具有扎实的数学、计算机科学与技术基础，并擅长运用大数据工具分析现代农林经济管理相关的理论与实践问题的交叉复合型拔尖人才。为此，该项目相较于其他农林院校农林经济管理专业的培养，增设了"机器学习""高级大数据系统"等数学分析数据与信息技术应用类课程。"应用经济—农村区域发展管理"项目主要培养农村经济与社会发展基础理论和基本知识、掌握区域经济与规划、发展管理与政策等实践基本技能的复合型专业人才。为此，该项目增设了"应用经济学分析方法""能源经济学"等国民经济管理课程，"农村发展概论"等农村发展课程以及农业经济政策相关课程。

（二）专业设置持续扩展

为适应社会发展和变化，高校新文科领域专业设置也在不断扩展和更新，数字媒体、数据科学、环境人文等专业逐渐成为高校的热门选择。

一方面，数字媒体领域的专业逐渐成为高校的热门选择。随着信息技术的飞速发展，数字媒体已经成为信息传播和文化创意产业的重要组成部分。因此，许多高校纷纷开设数字媒体相关专业，如数字传媒、数字营销、新媒体艺术等。这些专业旨在培养具备数字时代所需技能和知识的学生，为他们提供了更多的职业选择和创业机会。

另一方面，数据科学领域的专业也备受关注。随着大数据和人工智能的兴起，数据科学成为了各个行业的关键驱动力。因此，高校开始增设数据科学、数据分析、数据工程等相关专业，培养学生处理和分析大数据的能力，以满足企业和政府部门对数据人才的需求。

此外，环境人文领域也逐渐崭露头角。环境问题和可持续发展成为全球性的关切话题，因此高校加强了相关专业设置，如环境科学、可持续发展、环境人文等。这些专业旨在培养环保意识和可持续发展理念的学生，使他们能够参与解决环境挑战和推动绿色发展。

以中国农业大学为例，该校在专业选修课程上将课程分为"产业与市场"和"社会经济发展"两个方向。其中"产业与市场"方向增设了更多关于会计财务相关知识的"财务会计""财政与税收""市场营销"等课程；"社会经济发展"方向增加了其他农林类院校相对较少的"传统文化导论""经济学经典文献研读""中国近现代农业经济史""都市农业理论与实践"等经济史料和理论类课程，此外还有"空间经济学""人口经济学""实验经济学"等经济学新分支相关的课程。经济史料和理论类课程可以帮助学生了解我国农林业发展脉络和发展缘由，从发展历史窥探我国农林业未来发展方向；经济学新分支课程可以帮助学生了解经济学前沿的研究方法和研究内容，将农林业现状和问题与经济学前沿方法相结合，探索农林经济管理专业发展新趋势。

（三）信息化水平不断提升

随着信息技术的发展，新文科领域开始广泛应用数字化技术，数字媒体、大数据分析、人工智能等技术在新文科研究中的应用不断增加，推动了知识的创新和教育模式的变革。技术赋能新文科的核心要义在于借助数智技术与文科的耦合互动，实现文科与其他学科的实质性交叉。通过信息化，新文科所强调的学科交叉和研究融合得以破除学科壁垒、突破文科研究场域局限、改变传统文科分散孤立等问题，进而延展知识生产和再生产边界、链接多元知识生产要素，实现知识创造和教育创新带来的新增长点。

一方面，数字媒体的广泛应用已经改变了信息传播和文化表达方式。从社交媒体平台到在线新闻，数字媒体正在成为新文科领域进行社会观察、文化研究和舆情分析的重要工具。研究者可以通过分析社交媒体上的大数据，洞察社会趋势和舆论动态，这对于新文科领域的研究和教育都带来了全新的机会。

另一方面，大数据分析已经深刻影响到文科研究和教学。大数据分析可以帮助学校和教育机构更好地了解学生对不同文科学科的需求。通过分析选课数据、学生评价和课程成绩等信息，学校可以更有针对性地调整课程设置，提供更多受欢迎的文科课程，满足学生的兴趣和需求。

此外，人工智能技术也在新文科领域的发展中发挥着重要作用。自然语言处理、机器学习等人工智能技术可以被用来分析文本、识别模式和预测趋势。新文科个性化教育的实施离不开人工智能的支持，它可以根据学生的需求和表现来调整教学内容和方法，提高教育的效果。

以电子科技大学为例，该校以"互联、互动、互享"的方法，推动文科教学的跨界时空互动，打造"电子信息+公共管理"新文科教学过程体系。该校将各种文科教学资源有效汇聚到融合式文科教学平台上，利用现代信息技术建设融合式文科教学平台，构建授课系统、学习系统、测试中心和互动中心四大系统平台。通过这四大教学活动互动系统，增强各层面要素的交流、互动和融合，激发新文科教学的活力。

（四）国际化程度不断提高

新文科建设越来越重视国际化发展，高校通过引进国际化课程和国际化教师团队，积极开展国际合作，推动新文科教学研究与国际接轨，培养具有国际视野和跨文化能力的新文科专业人才。

一方面，为了满足学生多元化的学科需求，高校纷纷引入国际化的文科课程，如国际关系、国际商务、跨文化沟通等。这类课程通常采用国际教材和教学方法，有助于培养学生的国际视野和跨文化能力。

另一方面，为了提高教育质量和国际竞争力，高校积极引进具有国际化背景的教师和研究人员，鼓励教师和研究人员参与国际学术活动，发表国际期刊论文，参与国际学术组织活动。

此外，高校与世界各地的大学和研究机构建立了合作关系，开展联合研究项目、学生交流计划和国际会议。广泛的国际合作有助于学校的教育和研究水平的提升,为学生提供了更广泛的国际交流机会。

以清华大学为例,该校新文科建设立足国际学术前沿,面向国家战略需求,加快构建具有中国特色、中国风格、中国气派的清华文科发展新格局。清华大学自 2017 年发布《关于加快哲学社会科学繁荣发展 推进文科建设"双高"计划的实施意见》以来,清华文科以"双高"计划为引领,坚持入主流、高水平、有特色,在学科建设、队伍建设、人才培养、科研成果、服务社会、文化传承创新等方面取得了突出成绩。其文科整体水平不断提高,一些优势学科已跻身国际前列,呈现出整体推进、重点突破的良好局面。

二、国外发展态势

国外高校新文科领域的发展不仅关注学科门类的多样性,还强调跨学科合作、社会影响和数字技术应用等内容。总体来看,国外典型高校新文科实践呈现如下特点与发展趋势。

(一)强调跨学科合作

注重跨学科合作是国外高校新文科发展的一个显著趋势。不同学科领域的整合被视为推动知识创新和综合性研究的关键。跨学科团队由来自不同背景和专业领域的专家组成,如心理学家、社会学家、经济学家等,他们共同探讨复杂的社会问题。这种跨学科合作有助于消除学科壁垒,推动知识的整合和创新。农林院校跨学科建设,以强化交叉融合协同培养为重点,重构农林专业的知识体系,推进了学科制度的改革创新。例如,康奈尔大学通过开设创业与社会创新学位项目,鼓励学生应用新文科知识解决社会和环境问题,推动了新文科知识的创新。

(二)注重学科的社会影响力

注重社会影响力是新文科发展的重要特点之一。高校鼓励学生和教师参与社区服务、政策咨询和社会活动,将知识转化为实际影响力。这种注重社会影响力的做法培养了学生的社会责任感和公民意识，使高校在社会中具有更大的影响力。例如，加利福尼亚大学戴维斯分校在可持续农业、食品产业和资源管理方面具有广泛的社会影响。加拿大不列颠哥伦比亚大学的农业与环境经济学系专注于研究粮食、资源、环境和农业经济，相关研究成果在粮食安全、气候变化和可持续发展等领域产生了广泛的影响。

（三）注重数字化技术的应用

随着信息技术的飞速发展，数字化技术在新文科领域的应用不断普及。国外高校在新文科发展中均把数字技术放在重要地位，将数字技术用于社会研究、文化分析、媒体创作和教育创新。此外，数字技术还被广泛用于改进教学方法，提供在线学习资源，增强学习体验。数字空间为新文科教育提供了新模式，使教学资料能够采用图像化、叙事化、场景化、可视化等多种方式作为知识呈现的新形式。同时，数字化内容具有保存方便、传输即时、交互共享等诸多优点，极大地激发了学生在学习中的主动性、共在性、交互性和情景性。例如，斯坦福大学注重跨学科融合，通过设立人工智能与社会研究中心，将计算机科学、社会学、伦理学等多个学科领域的专业知识相互交叉，以解决复杂的社会问题。剑桥大学开设了数字人文课程，探讨数字技术如何改变人文学科的研究方法，丰富了新文科领域的研究工具和方法。

（四）致力于推动国际化

国外高校新文科建设尤其注重跨文化和国际对话与合作。通过跨国合作项目加强不同国家和地区之间的合作，吸引国际学生和教师，积极推动国际化发展，从而更好地培养具有国际视野和跨文化能力的新文科专业人才，提高学生的全球竞争力，促进全球文化和知识的交流与融合。从发达国家新文科实践来看，教育跨境输出已成为美国、英国、澳大利亚等西方国家政治、文化和经济战略的重要组成部分，树立品牌形象、对标认定体系、推动师生发展、建立战略联盟正成为推动新一轮高等教育质量及竞争力提升的动力源。例如，悉尼大学致力于跨文化研究，探讨不同文化之间的互动与对话，为文化的多元发展注入了新的活力。

第二节　新文科建设的挑战与问题

一、工具理性与价值理性博弈

新文科要真正取得突破，需要很好地平衡其工具理性与价值理性。工具理性强调实用性和效益，而价值理性强调社会和文化的价值，两者之间的博弈反映了新文科领域的复杂性和多样性。若过于强调工具理性可能导致新文科领域的知识产出过于功利化，从而忽视深入的学术研究和思想探讨，进而威胁到新文科领域的学术自由和创新性；而过于强调价值理性可能导致新文科领域过分理论化，缺乏实际应用性，可能使新文科专业的毕业生难以找到与其专业知识和技能相关的工作，从而影响他们的就业前景。工具理性倾向于将资源投入对市场和产业有直接贡献的领域，而价值理性可能更关注社会和文化的价值，两者之间的博弈可能导致新文科领域的资源分配不均衡的问题。

二、人才培养与社会需求脱节

新文科建设中存在人才培养与社会需求脱节的问题。这种供需脱节主要表现在三个方面。首先，学科设置与社会需求不匹配。新文科的学科设置往往基于学术的划分和内部需求，而非真正基于社会的实际需求。这种偏重学术的课程设置导致培养出来的人才在进入职场后，难以满足企事业单位的实际需求。其次，课程内容过于理论化。新文科在课程设置上，有时过于追求学术的深度和广度，而忽视了实际应用的重要性，导致学生虽然掌握了丰富的理论知识，但在实际操作和应用上却显得力不从心，难以满足社会的实际需求。最后，实践教学与社会实际脱节。对于新文科的教育，尽管有一定的实践教学环节，但这些实践往往与社会的实际需求脱节，更多的是为了完成学术任务而设置的。在这样的实践中，学生很难体验到真实工作的环境和挑战，导致其对社会需求的认知存在偏差。

三、师资队伍与能力建设不足

师资问题是影响新文科建设质量和效果的重要因素。然而，现有师资队伍与能力建设还存在诸多不足。首先，师资结构单一化。在新文科的跨学科教育背景下，单一学科背景的教师往往难以满足多元、综合的教学要求。这要求教师不仅要具备自己学科的专业知识，还要对相关学科知识有一定的了解和储备，这对于大部分教师来说是一个很大的挑战。其次，跨学科教学经验的缺乏。新文科教育强调跨学科的整合与创新，这对教师的教学方法和策略提出了新的要求。由于部分教师还缺乏跨学科的教学经验和策略，在跨学科教学时难以开展有效教学。最后，研究方向与教学内容不匹配。在新文科建设中，教学内容往往需要与最新的研究成果相结合，以确保教学内容的前沿性和时效性。然而，由于师资队伍的研究方向往往与教学内容存在一定的差距，导致教学内容与研究成果难以有效结合，从而影响了教学的质量和效果。

四、教学评价体系尚不明确

高校人才培养机制要随着新时代的变化而调整，教学评价体系也需要改革。对于文科专业的学生来说，大多数高校都以毕业论文和就业率作为评价学生的主要指标，更关注知识技术层面的考核与评价，学生在接受高等教育期间思想品德素养、创新能力、价值观等层面的变化则较少地纳入评价体系。对于文科教师来说，以科研为主要指标的评价方式不仅让他们在教学上可投入的精力有限，而且受文科研究范式影响，文科专业的科研周期普遍较长，但却面临与自然学科同等的竞争压力，这在一定程度上使文科教师在整个评价体系中处于弱势地位。而新文科建设对人才培养提出了更高的要求，也就意味着相应的评价体系不仅要解决已经存在的问题，还要面临更多由学科协同所带来的新的评价问题。此外，新文科建设的本质是文科改革，这代表学科协同的最终目的是激发文科发展活力以及培养文科人才。那么，在协同过程中，如何评价不同类型教师的工作质量，如何平衡文科教师与其他学科教师之间的投入，又该建立何种指标来评价人才培养质量等，这些问题都是摆在新文科建设面前的巨大挑战。

五、统筹管理能力有待加强

新文科建设是一个系统工程，涉及人才培养的方方面面，涉及协调各利益主体的机制体制创新问题，对学校和政府部门的管理能力提出了更高的要求。首先，新文科建设作为"四新"之一，在其他学科建设逐渐步入正轨之时，还缺少具体政策指导。新文科所面临的课题往往具有依赖地域特色、周期性长等特点，这给政策的制定带来了挑战。在政策无法给出明确的指导时，政府以及学校的管理同样难以取得突破。此外，新文科建设不仅是文科内部的改革，还是文科有机地协调自身与社会以及与其他学科关系的契机，这意味着无论是学校内部对文科的统筹管理，还是政府对各大高校文科的统筹管理，都要站在治理体系和治理能力现代化的角度去调动以及平衡各种资源。地方政府在统筹各大高校资源，以及处理高等教育与其他领域之间的关系时，管理能力参差不齐，难以为新文科的整体建设提供强有力的支撑。现有的统筹管理能力还不足以为新文科建设保驾护航，这也是新文科建设中需要不断克服的困难。

第三节　新文科建设的思路与举措

一、新文科建设思路

作为我国哲学社会科学"五路大军"中的重要力量，农林经济管理新文科建设必须立足服务国家乡村振兴战略需求，扎根伟大实践，加快培养紧缺人才，构建文科新生态，推动新文科建设走深、走实。

（一）坚持服务国家战略

高校要心怀"国之大者"，以拳拳之心观照现实问题，这是新文科人才学以致用之"神"。习近平新时代中国特色社会主义思想是马克思主义中国化时代化的最新成果，为扎根中国的新文科建设提供了根本遵循。农林经济管理新文科建设要坚持服务国家乡村振兴战略，有组织地开展科研，促进学科交叉融合，不仅要发挥高等学校咨政建言能力，还要服务于新发展格局，为高质量发展培养输送不同层次与类型的新型文科人才，这是高等学校推进新文科建设的使命要求。为加强和改进国际传播工作，高校应发挥学科交叉优势，将新文科建设作为服务国家战略的重点，将理工学科作为技术支点，帮助新文科人才解决传播机制、传播策略、传播方法等实际问题；将艺术学科作为审美本源，培养塑造新文科人才讲好中国故事、展示真实立体全面中国的能力。

（二）坚持深化体制改革

坚持深化体制改革是新文科建设的关键，体制改革可以推动高等教育更好地适应社会发展需求，提高新文科教育的质量和效益。教学体制改革需要重新审视和优化课程设置，制定更加灵活的课程管理机制，确保新文科领域的课程内容与农业农村发展需求相匹配，鼓励教师创新教学内容，引入前沿知识和实际案例，提高教育内容的质量和实用性；需要打破学科壁垒，建立跨学科研究和教育的机制和平台，设立跨学科研究中心，鼓励教师和学生跨学科合作；需要采用在线教育、实践教育、项目化教学等更灵活、多样化的教育方法提高教育质量；需要建立更加完善的职业规划和辅导体系，为学生提供更多的职业发展支持，帮助学生更好地规划职业发展；需要加强高校与企业、政府、非营利组织等机构的合作，共同开展研究项目、创新活动和社会服务，以更好地满足社会需求。地方农业高校应把产业趋势、行业难点、企业需求等引入到专业建设、人才培养方案修订中，逐步树立以学生长远发展为中心的质量观，促进产教深度融合，实现学生更加多元化、个性化的发展目标。

（三）坚持创新融合发展

坚持创新融合发展是新文科建设适应时代发展、满足社会需求的必然选择。未来的社会问题将更加复杂，单一学科已经难以满足解决问题的需求，坚持创新融合发展需要摒弃传统的教育思维，勇于创新、善于融合。新文科建设中的创新，不仅是技术或方法的更新，还是思维方式的革新。在教育过程中，教育者需要摒弃固有的教育思维方式，更加勇于创新、革新，敢于跳出已有的框架。只有这样，教育才能适应社会快速变革与发展的步伐，为学生提供最前沿、最实用的知识。融合在新文科建设中的作用不可忽视。创新融合，是将不同学科的知识进行有机结合，相辅相成，形成一个具有自身特色和优势的新学科领域。这需要打破传统学科的界限，鼓励不同学科、不同领域间的互动与交流，以此形成一个更加多元、开放和包容的知识体系，提高学生理论结合实践的能力和解决实际问题的能力。在乡村振兴战略下，现代化农业需要创新型农林业人才，通过创新农林业产业链，推进传统农林业向有机农林业、品牌农林业转变，促进农业农村可持续发展。为较好地满足现代化农林业创新型人才的培养，农林经济管理专业开设院校需不断探索新的教学模式，通过"学校+企业、农场主"的合作模式，借助"线上+线下""互联网+"等形式，助力农林经济管理新文科人才培养。

（四）坚持扎根中国实践

中国式现代化建设的伟大实践，为问题导向的新文科建设提供了生长沃土。伟大的实践呼唤知识体系的更新升级。中国式现代化是在人口规模巨大的情况下全体人民共同富裕、物质文明和精神文明相协调、人与自然和谐共生、走和平发展道路的现代化，为人类文明进步贡献了中国智慧。在伟大实践的进程中，高等院校要聚焦国家急需、社会期盼、行业困惑的实际问题，培养上手快、筋骨壮、后劲足的复合型创新人才。

新文科建设要与中国的具体实际相结合、同中华优秀传统文化相结合，从实践中来，到实践中去，这是新时代推进学科交叉融合的内生动力。农林经济管理专业实践教学体系实施具有周期性，应及时将国家大政方针与专业培养有机结合，构建实践教学体系的反馈与调整机制，使教学实践不仅能够及时与国家大政方针所需人才培养相结合，还能够使学生的实习与农业生产周期、农村活动规律相结合，让学生适时深入农村，参加农业活动，了解农村农民，使学生在"学中干，干中学"中提升自身服务意识与服务技能。

（五）坚持培养创新人才

新时代对拔尖创新型人才的渴望，为新文科建设提出了具体要求。2020年9月，习近平总书记在主持召开科学家座谈会时提出的"四个面向"，为高等教育人才培养指明了聚焦点和着力点。新文科人才不但要具备博通的人文基础，还要拥有缜密的逻辑思维能力、计算思维能力和解决问题能力。高校要打破学科专业壁垒，深化学科交叉融合，深入推动文科专业课程体系和教学内容改革，做到价值塑造、知识传授、能力培养相统一。2022年9月，国务院学位委员会、教育部推出了新一版《研究生教育学科专业目录（2022年）》，在交叉学科门类下设置了集成电路科学与工程、国家安全学等7个学术型一级学科，文物、密码两个专业学位类别，通过学科建制促进围绕焦点问题的知识深入交融和创新发展，指导高校组织推动规范化、独立化的创新人才培养体系，为党和国家规模化培养关键领域急需人才。2018年1月，《中共中央 国务院关于实施乡村振兴战略的意见》提出，要"支持地方高等学校、职业院校综合利用教育培训资源，灵活设置专业（方向），创新人才培养模式，为乡村振兴培养专业化人才"，为培养农林经济管理专业人才指明了方向，即根据农村社会经济发展需要培养"一懂两爱"人才，切实培养出"学得好、下得去、用得上、受欢迎"的综合素养较高的农业专业人才，为实施乡村振兴战略提供强有力的人才、智力、科技支撑。

二、新文科建设举措

（一）重构模式：编织科教融汇的资源互通网

科教融汇是新文科建设的关键举措之一，在科技快速发展的时代，教育和科技的融合已经成为一个不可逆转的趋势。推进科教融汇，是新文科建设的必然选择，科教融汇不仅仅代表着教育创新，还是未来人才培养的关键所在。

一是促进教育科技创新。设立教育科技研发基金，由政府、高校和企业合作出资，资助新文科领域的创新项目，推动教育科技工具的开发。同时，鼓励教育机构和科研机构共同申请国家和地方科研项目，开展新文科教育研究，将研究成果有机地应用于教育实践。

二是切实推进教研融合。建立科技资源与教育资源互通平台，促进教育工作者、教育科技开发者和研究人员共享数据、资源，促进合作和信息交流。建立专门的教育科技合作中心，吸引各类专业人才，促进教育科技和教育研究的深度融合。利用现代科技手段，开发适用于新文科领域的教育科技工具，提供在线学习、虚拟实验等教育资源，创造更灵活、个性化的学习环境。

三是培训教育科技专业人才。设立教育科技学院，培养专业的教育科技研究员、课程设计师、在线教育专家等教育科技人才。开设针对教师和教育管理人员的教育科技培训课程，提高教师的数字技能和教育科技应用能力。定期举办教育科技培训和研讨会，以满足不断变化的需求。

（二）重塑理念：树立需求引领的人才培养观

树立需求引领的人才培养观对新文科建设至关重要。这一观念强调教育应该以社会和市场需求为导向，提高学习就业机会，促进创新和实践能力的培养，同时保持新文科领域与社会的密切联系，确保专业发展更有前景。

一是积极开展市场调查和分析。高校应主动与社会、行业、企业进行广泛合作，深入研究不同新文科领域的用人需求、薪资水平、就业机会等方面的信息。通过深入的市场调查，了解社会和职业市场的需求趋势。同时，为学生提供更全面的职业规划和指导，帮助学生更好地择业、就业、融入社会，实现个人发展目标，更好地适应社会的发展变化，为新文科人才培养提供有力支持。

二是调整课程设置以适应社会需求。新文科课程应更加注重实际应用，而不是仅仅追求学术理论的深度和广度。高校应该重新审视、调整和设置课程，确保课程能更好地匹配社会的实际需求。课程可以引入案例研究、实际项目和行业实践，帮助学生将所学知识与实际问题相结合。教师可以邀请业界专家参与教学，分享专家的经验和见解，以使课程更具实际应用性。

三是加强实践教学与社会接轨。高校可以与企业、政府机构和非营利组织建立更紧密的合作关系，以确保实践教学与社会实际需求相符。如提供实习机会、行业导师制度、校企合作项目等。实践环节应当更多地反映社会和职场的真实情况，以帮助学生更好地适应未来的职业挑战。

（三）重筑平台：打造多跨协同的育人共同体

协同育人共同体是一个多方参与、相互协作的教育与培养体系，重点在于强调各种教育实体之间的紧密合作与协同，以更高效、更全面的方式实现学生的全面发展。协同育人共同体为新文科人才培养提供了更加丰富、多元的内容，是强化教师队伍建设的必然选择。

一是深化跨学科合作，提高教师教育技能。高校应进一步整合资源，强化学科交叉，集聚多领域的顶尖学者，加强不同学科间的合作与交流，鼓励建立多学科交叉的研究中心或实验室，发挥各自优势，促进不同学科之间的深度合作，为解决复杂问题提供多角度、多维度的研究视角。

二是创新教学模式，培养教师创新意识。传统的教学模式往往强调知识的传授，忽略学生的实践与创新能力培养。新文科建设中，应积极探索并采用项目导向、情景模拟、翻转课堂等先进的教学方法，促进教师与学生在实际操作和应用中形成双向互动,帮助学生将理论知识与实际应用结合起来,从而提高教学效果和培养质量。

三是加强与产业界的协同合作,确保教学内容的时效性。随着社会经济的发展,产业界对人才的需求越来越具体和专业化。为此,需要鼓励高校与企业、研究机构建立密切合作关系,通过建立产业学院,推行产学研一体化,着力培养学生的实际操作能力和创新思维。

(四)健全体系:建设开放多元的评价体系

教育评价事关教育发展方向,有什么样的评价指挥棒,就有什么样的办学导向。建设适应新文科的评价体系,需要考虑新文科的特点和发展需求,以确保评价体系能够有效反映新文科教育的质量和价值。

一是要深入贯彻落实《深化新时代教育评价改革总体方案》要求。坚持立德树人根本任务,树立新文科建设的正确导向,克服唯分数、唯升学、唯文凭、唯论文、唯帽子的顽瘴痼疾,系统推进考核评价改革,打通校内校外评价主体,坚持定量与定性相结合、过程性评价与形成性评价相结合、分类与交叉并行的评价原则,建立交叉评价、代表作评价、团队评价、长周期考核等多元评价体系,改革不科学的考核评价标准。

二是要建立培养成效长期跟踪和评价反馈机制。将评价结果运用到新文科建设培养目标、方案和实现过程的持续改进中,形成高效的人才培养闭环评价与改进系统。要针对教师、学生和教学科研单位不同主体,分类推进考核评价制度改革与创新。

三是完善教师考核激励制度。加大对新文科建设业绩突出教师的奖励力度,增强教师开展新文科建设的荣誉感、获得感,奖励在新文科建设领域做出突出贡献的个人和团队,激励教师积极开展新文科理论研究与实践改革,推动系列富有创新性、特色性、引领性和影响力的高水平教育教学成果建设。

(五)创新制度:构建高效有力的治理机制

建立高效有力的治理机制对于新文科发展至关重要,有助于政府充分发挥作用，优化资源利用，确保政策的有效实施。政府和高校需要密切合作，建立透明、有效的管理体系，推动新文科的繁荣和发展。

一是做好新文科发展顶层设计。政府主管部门需要明确新文科发展的愿景和战略方向，制定新文科发展政策和指导方针，为高校新文科建设提供政策帮助和指导。同时，需要建立政府部门之间协作机制，确保政策的制定和执行协调一致。

二是加大对新文科的财政支持，提供更多的研究经费、教育资源和创新基金，以推动新文科的发展。如通过提高新文科领域的研究项目拨款、设立专项研究基金等方式，增加对新文科领域的研究经费投入。设立专门的教育资源基金，用于支持新文科领域的教育机构和项目，确保教育资源充足，吸引更多学生和教师投身于新文科领域。

三是成立新文科工作领导小组。对高校而言，建立新文科工作领导小组是一项非常重要的举措，负责规划、协调和推动新文科建设相关工作。要明确新文科工作领导小组的职责和目标，把握工作的重点和方向，抓紧抓实新文科课程开发、跨学科合作促进、师资队伍建设等工作任务，细化课程设计、师资队伍建设、财务管理、评估和监督等方面的具体规定。

参 考 文 献

[1]安桂清.论教师的整体性[J].上海教育科研,2006(1):18-20.

[2]宝胜.论高等教育的发展与通才型人才的培养[J].黑龙江高教研究,2009(12):112-113.

[3]别敦荣.人文教育、文科教育、"新文科"建设概念辨析与价值透视[J].高等教育研究,2022,43(8):79-83.

[4]蔡劲松,董欣静.技术赋能新文科的内在逻辑、扩散机理与实践理路[J].新视野,2023(4):46-53.

[5]陈弘,吴波.新发展格局下涉农高校"知农爱农"教育路径研究:以湖南农业大学为例[J].湖南农业大学学报:社会科学版,2021,22(5):79-85.

[6]陈连军.建构主义理论视角下引导:互动式教学模式的探讨[J].黑龙江高教研究,2014(4):150-152.

[7]陈琳,张希雅,樊莎莎.多维度打造新文科人才培养模式探索[J].高教学刊,2023,9(11):30-34.

[8]陈硕,崔迎春.我国一流高校跨学科人才培养的实践模式及启示:以北京地区8所"双一流"建设高校为例[J].中国农业教育,2023,24(1):79-89.

[9]杜宝贵,张桓浩.新文科建设中应正确处理的几个关系[J].中国冶金教育,2019(6):121-124.

[10]樊丽明."新文科":时代需求与建设重点[J].中国大学教学,2020(5):4-8.

[11]冯建军."培养什么人、怎样培养人、为谁培养人"的中国答案

[J].教育研究与实验，2021（4）：1-10.

[12]冯建军.论全人教育[J].中国教育学刊，1999（3）：13-16+28.

[13]高德毅，宗爱东.从思政课程到课程思政：从战略高度构建高校思想政治教育课程体系[J].中国高等教育，2017（1）：43-46.

[14]郭晓勇，张静，杨鹏.党建引领乡村治理：生成逻辑、价值旨归与优化向度[J].西北农林科技大学学报：社会科学版，2022，22（5）：1-9.

[15]浩歌.增强文科教育的改革创新意识[J].中国高等教育，2009（8）：1.

[16]何良伟，靳玉军.新文科背景下高校课程思政建设的实践路向[J].西华师范大学学报：哲学社会科学版，2023（1）：98-104.

[17]黄铭，韩志强.教育数字化赋能新文科建设创新发展[J].中国高等教育，2023（6）：46-49.

[18]赖明德.全人教育的探讨和落实[J].河北科技大学学报：社会科学版，2002（2）：6-8.

[19]李竹.从专业训练到全人培养：大学教育目的的迷失与回归[J].江苏高教，2018（8）：52-55.

[20]廖祥忠.探索"文理工艺"交叉融合的新文科建设范式[J].中国高等教育，2020（24）：6-7.

[21]刘宝存.全人教育思潮的兴起与教育目标的转变[J].比较教育研究，2004（9）：17-22.

[22]刘东君，李力.珠三角地区水环境承载力综合评价模型研究[J].工业安全与环保，2016，42（10）：72-74+87.

[23]刘云，谢少华.全人教育以人为本的理念及其对中国教育思想的启示[J].贵州社会科学，2017（3）：93-98.

[24]吕林海.解读康德建构主义思想的缘起、内涵及当代教育启示[J].现代远程教育研究，2012（5）：9-15.

[25]罗士美，余康.乡村振兴背景下农林经济管理专业实践教学改革与创新[J].河北农业大学学报：社会科学版，2021，23（1）：116-122.

［26］罗士美，余康，吴伟光.论农林经管人才核心素养及其有效育成：基于大学利益相关者的认知分析［J］.高等农业教育，2022（4）：61-69.

［27］马奔，叶紫蒙，杨悦兮.中国式现代化与第四次工业革命：风险和应对［J］.山东大学学报：哲学社会科学版，2023（1）：11-19.

［28］马香丽，杨士同.新农科建设的"三农情怀"视角［J］.高等农业教育，2021（2）：3-10.

［29］马晓河.准确把握新一轮产业技术革命的特征［J］.经济导刊，2021（8）：80-81.

［30］潘轶君.跨文化素养融入高校人文课程的家国情怀培育路径探析［J］.高教学刊，2023，9（10）：76-79.

［31］权培培，段禹，崔延强.文科之"新"与文科之"道"：关于新文科建设的思考［J］.重庆大学学报：社会科学版，2021，27（1）：280-290.

［32］盛振文."五育并举"构建创新创业教育体系［J］.中国高等教育，2022（6）：59-61.

［33］苏建兰，李娅.基于乡村振兴战略的农林经济管理本科专业实践教学改革探析［J］.林业经济，2019，41（4）：94-98.

［34］苏中.论求得共生的生态型教育：整体教育论的一个原则［J］.青海师范大学学报：哲学社会科学版，2005（5）：126-129.

［35］谭敏，范怡红.西方当代全人教育思想探析［J］.外国教育研究，2006（9）：48-51.

［36］唐少清.全人教育模式的中外比较［J］.社会科学家，2014（12）：110-118.

［37］唐衍军，蒋翠珍.跨界融合：新时代新文科人才培养的新进路［J］.当代教育科学，2020（2）：71-74.

［38］田贤鹏，姜淑杰.新文科背景下的跨学科协同育人：内涵特征、逻辑演变与路径选择［J］.教育发展研究，2022，42（21）：35-42.

［39］王丹.人类命运共同体引领下的高校新文科建设与人才培养［J］.华南师范大学学报：社会科学版，2023（1）：58-67+206.

［40］文辅相.文化素质教育应确立全人教育理念［J］.高等教育研究，2002（1）：27-30.

［41］吴仁安.五缘文化与家族史、谱牒文献研究［J］.历史教学问题，2004（1）：12-15+107.

［42］肖海涛.台湾中原大学全人教育理念考察报告［J］.煤炭高等教育，2001（4）：32-34.

［43］潇潇.国际化视野中的"新文科"建设与"一带一路"行动［J］.黑龙江高教研究，2021，39（6）：42-46.

［44］小原国芳.好的全人教育使个性完全发挥［J］.小学德育，2008（19）：1.

［45］小原国芳.小原国芳教育论著选（下卷）［M］.刘剑乔，由其民，吴光威，译.北京：人民教育出版社，2017.

［46］徐艳芳，朱建平.信息技术赋能新文科建设研究［J］.科技视界，2023（3）：54-57.

［47］杨菁，申小蓉.新文科背景下"电子信息+公共管理"人才培养的创新实践［J］.中国高等教育，2022（18）：45-46.

［48］杨婷."通识通德"的全人教育与当代大学精神：中国传统教育理想和精神的现代意义［J］航海教育研究，2005（1）：1-3.

［49］于杨，尚莉丽.新技术革命背景下新文科建设的价值指向与路径探索［J］.教育理论与实践，2021，41（21）：3-6.

［50］张东海.全人教育思潮与高等教育实践研究［D］.上海：华东师范大学，2007.

［51］张军.智慧教育视域下的全人化人才培养［J］.中国高教研究，2022（7）：3-7.

［52］张俊宗.新文科：四个维度的解读［J］.西北师大学报：社会科学版，2019，56（5）：13-17.

［53］张雷生，魏莲莲，袁红爽，等.我国新文科建设研究现状与未来趋势瞻望［J］.新文科教育研究，2021（2）：39-55+142.

［54］张银花，尚艳春，其力木格.新文科背景下人才培养方案的创新

实践［J］.高教学刊，2022，8（29）：168-171.

［55］赵光武，沈希，童再康，等.基于科技特派员模式培养农科类专业学位硕士研究生：以浙江农林大学余杭基地为例［J］.学位与研究生教育，2022（1）：42-47.

［56］郑展鹏，陈少克，吴郁秋.新文科背景下经济学类一流专业建设面临的困境及实践［J］.中国大学教学，2022（9）：33-39.

［57］钟启泉."整体教育"思潮的基本观点［J］.全球教育展望，2001（9）：11-18.

［58］周云峰.建构主义教育理念的缘起及其价值取向［J］.学术交流，2008（2）：183-185.

［59］朱贺玲，郝晓晶.新文科建设背景下的复合型人才培养：新变局、新挑战与新思路［J］.高教探索，2023（4）：20-25.

后 记

当今时代,新技术、新理论、新方法层出不穷,新经济、新业态、新事物大量涌现,现实世界复杂加剧、瞬息万变,引发人们的思维模式、行为方式也随之发生变化,进而导致传统学科知识体系与人才培养方式无法与之适应。就此,新文科建设应运而生,旨在破除传统文科藩篱,推动学科交叉融合,回归文科育人本质,重塑新的人文精神。农林经济管理专业作为传统涉农文科专业,担负着为振兴乡村、践行生态文明等提供"一懂两爱三过硬"人才的重任,面临学科建设变革和人才培养革新的双重挑战。因此,如何以新文科建设为牵引,推动农林经济管理专业进行系统改革创新,是摆在所有农林经管类教育工作者面前的研究课题。

新文科建设是一项新鲜事物,尚处于研究的初始阶段,现今并未形成自己的理论体系,也没有被大家公认的模式方法和行动路径。因此,本书也是在自身实践摸索的基础上进行总结、凝练的,其在科学性与体系化方面肯定会存在这样或那样的缺陷。首先,本书探讨的是怎么建的问题,即农林经济管理新文科建设的理念与思路。鉴于文科教育的人本性和建构性特点,本书将全人教育与建构主义视为农林经济管理新文科的建设理念,这当然并不全面,因为从不同的需求切入肯定会有不同的理念作为支撑,关键还得看我们怎么理解、认识。其次,本书讨论的是如何建的问题,即农林经济管理新文科建设的模式与方法。主要探讨了农林经济管理新文科"价值链—知识链—实践链"三链融合的建设模式。分别介绍了农林经济管理价值链、知识链、实践链的内涵与逻辑,这部分是本书的特色,凝聚了课题组多年的研究成果。最后,本书阐述的是建什么的问题,即农林经济管理新文科建设的行动与举措。围绕顶层设计、价值塑造、知识重构、实践提升等四个方面，以浙江农林大学农林经济管理专业为案例进行了有关内容阐述，突出展示了现代粮食产业学院、求真实验班、"百村工程"、"走在乡间的小路上"等鲜活的行动实践，对同行而言具有启发和借鉴作用。

本书以教育部首批新文科研究与改革实践项目"农林经济管理推进新文科建设研究与实践"（编号：2021140070）和浙江省高等教育"十四五"教学改革项目"新文科背景下农林经管类智慧实践教学理论研究与实践探索"（编号：jg20220337）为主要依托，梳理、总结了多年来浙江农林大学农林经济管理专业的改革与实践成果，其中有关成果曾获得教育部高等学校农业经济管理类本科教学改革与质量建设优秀成果奖、浙江省高校实验室工作研究成果奖一等奖和浙江农林大学教学成果奖特等奖等奖项。

教育研究是一个不断探索、持续改进的实践过程，需要吸收、借鉴前人的实践成果，不断拓展、丰盈并完善自己的研究，以期实现更公平、更生态、更美好的教育愿景。总之，教育研究永远在路上。本书也定有不足之处，后续课题组仍将持续改进、完善。